幽默
七十二變

顛覆經典、故意歪解、形褒實貶、曲解詞語，
讀完這本書，你不笑算我輸！

沒有幽默基因沒關係，後天培養也能笑死你！

你的每句謹慎之言都被稱為「廢話」，
他的每段無稽之談都被封為「名言」，
這就是凡人與幽默之神之間的差別！

一語雙關、形褒實貶、怒中循趣、機智巧辯，
用機智幽默的語言，化解每個情緒性發言！

安旻廷，李玉峰 編著

目 錄

目錄

目錄

前言

（一）

美國年輕人哈蒙去西部礦業公司謀職，被該公司老闆哈司托當場拒絕。哈司托拒絕的理由很古怪：「我不喜歡你的理由，就是因為你在弗萊堡做過研究，你的大腦裡一定裝滿了一大堆傻子一樣的理論。因此，我不打算聘用你。」

原來，這個老闆是個白手起家的生意人，沒有讀多少書，但工作經驗卻極其豐富。在長期的工作經驗中，老闆形成了對學院派的很深偏見。而哈蒙，很不幸，他不僅是美國耶魯大學的高材生，還在德國弗萊堡大學攻讀了博士。

剛剛學成歸來的哈蒙聽了，裝出膽怯的樣子，小聲的對哈司托說：「如果你不告訴我的父親，我就告訴你一句實話。」哈司托覺得有點意思，便向哈蒙保證嚴守祕密。

哈蒙得到了承諾，左看看右看看，好像生怕別人聽到似的，這樣說：「其實在弗萊堡幾年，我一點學問都沒有學到，我天天在外打工，想多賺點錢，並多累積一點實際經驗罷了。你千萬別把這個祕密告訴我父親！」

哈司托聽了，忍不住哈哈大笑，高興的說：「好！這很好！我就需要你這樣的人，那麼，你明天就來上班吧！」

是什麼導致哈司托前後態度的大轉變呢？是哈蒙的話。那麼哈司托真的相信哈蒙那個所謂的「祕密」嗎？當然不是。哈司托只是覺得這個年輕人很有趣，很聰明。而哈蒙面對哈司托滿腦子的偏見，竟然只用一句巧妙的話來表達自己尊重老闆的意見（偏見），維護了老闆的自尊，同時

也顯示出自己過人的機智與幽默。試想一下：如果哈蒙換一種說話方式，據理力爭，其結果無疑是雙方不歡而散。

（二）

馬克吐溫總是丟三落四，有一天他在火車上遇到列車員檢查車票，翻遍了每個口袋都沒有找到車票。這個列車員認識他，就對馬克吐溫說：「沒有關係，如果實在找不到，就補一張吧！」

「補一張？說得輕巧！」馬克吐溫繼續尋找，「如果我找不到那張該死的車票，我怎麼知道我要到哪裡去呢？」

列車上查票找不到票，當事人儘管補了票也怕別人懷疑自己故意逃票。在列車員面前急著找票，總是很尷尬的。但馬克吐溫的一席話，卻緩解了自己的尷尬。

一個具有幽默感的人，能時時發掘事情有趣的一面，並能欣賞到生活中輕鬆的一面，建立起自己獨特的風格和幽默的生活態度。這樣的人，很容易令人想去接近他；這樣的人，使接近他的人也分享到輕鬆愉快的氣氛；這樣的人，更能增添為人處世的光彩，更能豐富我們生活的這個社會，使生活更具魅力，更富藝術。

然而，並不是每個人都能具有幽默態度。尚 - 保羅‧沙特（Jean-Paul Sartre）說過：「幽默是卑下與崇高之間對比的結果。幽默不僅代表了藝術，而且代表了美學和生活中的哲理。」幽默，與其說它是一種藝術形式，不如說是一種生活方式 —— 或者說是對於生活的一種態度。因為幽默顯現了萬物的反面，既是真摯的古怪陰影，亦是那古怪陰影苦澀的真摯，它使真理與虛妄發生了聯姻關係。

（三）

孫悟空當年護送唐僧去西天取經，幸虧練就了一身好武藝，更兼精通七十二變，方能在險惡叢生的取經路上保證師徒平安。七十二變是孫悟空的師父菩提祖師教的，《西遊記》中是這樣寫那段機緣的：

祖師說：「也罷，你要學哪一般？有一般天罡數，該三十六般變化；有一般地煞數，該七十二般變化。」

悟空道：「弟子願多裡撈摸，學一個地煞變化罷。」

祖師道：「既如此，上前來，傳與你口訣。」

遂附耳低言，不知說了些什麼妙法。這猴王也是他一竅通時百竅通，當時習了口訣，自修自練，將七十二般變化都學成了。

受了菩提祖師的口訣，孫悟空從此可以隨物幻形，各路神仙和妖怪都莫可奈何。在本書中，編者將告訴各位讀者幽默的各種「口訣」。一旦你體悟了這些口訣，將能夠在任何時候都能把幽默玩得出神入化。

人在社會上行走，需要面對各式各樣的場合。有人不遺餘力奉承你、有人不講情面譏諷你、有人努力幫助你、有人刻意刁難你……要想在變幻莫測的人性叢林中遊刃有餘，必將時刻保持幽默的姿態，進則可以為自己謀得好機會、換來好名聲；退則可以躲開暗中的箭傷、卸掉明處的拳力。

前言

顛覆經典──
不想當將軍的士兵也是好士兵

顛覆經典法就是利用眾所周知的經典為背景，然後故意做出扭曲的、荒謬的解釋。因為經典最具權威的意味，語言又多為人所共知，一旦小有歪曲，與原意的反差就會十分強烈，從而能產生極度搞笑的幽默效果。

我們先來看下面幾個成語是怎麼解釋的：

- **知書達「禮」**：僅知道書本知識是不夠的，還要學會送禮。
- **度日如年**：日子非常好過，每天像過年一樣。
- **杯水車薪**：每天在辦公室喝喝茶，月底可以拿到一車的薪資。
- **知足常樂**：知道有人請自己洗腳，心裡就常感到快樂。
- **見異思遷**：看見漂亮的異性就想是否要搬到她那裡去住。
- **語重心長**：別人話講得重了，心裡會懷恨很長時間。
- **有機可乘**：出門考察有飛機可以乘坐。
- **不學無術**：不要白費工夫去學那些不實用的東西。
- **夫唱婦隨**：丈夫進了 KTV，妻子跟蹤尾隨。

在生活中，我們會經常遇到這種顛覆經典的幽默。比如司馬遷的《史記》上有一句名言：一諾千金。本意說的是秦漢之際，和劉邦一起打天下的季布，只要他一答應，多少錢也無法令他改變。

有個幽默就是根據這個成語改編的：

一位女士問先生：「『千金一諾』怎麼解釋？」先生說：「千金也，

顛覆經典—不想當將軍的士兵也是好士兵

小姐也；一諾者，一個承諾也。這個成語的意思是說：小姐啊，妳就給我一個承諾吧！」

這個例子把歷史英雄的典故透過詞意的曲解，變成了火辣辣的告白宣言，兩者之間距離有多遠，其滑稽的程度就有多高。

如果這種曲解可以不是一次性的，而是連鎖性的，其諧趣則累積層層放大。

有一個縣官，處理一切事情的唯一依據是一本《論語》，他常說：「人家都說，半部《論語》可以治天下，何況我有整整一本。」

有一天早上，他升堂判處三個賊人。

第一個賊人偷了一隻小雞，縣官一翻《論語》，便判道：「黃昏時分，將此人處死。」

旁邊一位幕僚暗暗對他說道：「太重了！」縣官瞪大眼睛嚷道：「《論語》上不是說過：『朝轀盜夕死可矣』嗎？」其實，《論語》的原文是：「朝聞道，夕死可矣。」

第二個賊偷了一口鐘，縣官看過《論語》以後，匆忙宣布釋放。幕僚莫名其妙，縣官說：「《論語》云：『夫子之盜鐘，恕而已矣。』聖人規定盜鐘要寬恕。」其實《論語》的原文是：「夫子之道，忠恕而已矣。」他不但讀錯了字，而且讀錯了句。

第三個是殺人放火的慣犯。縣官看了案卷，知道此人的父親也是個大賊，三年以前已經被斬首。他竟馬上離座，對賊人納頭便拜，連聲說道：「『三年無改於父之道，可謂孝矣』，你是個大孝子，公差無禮，還請見諒。」

三個案件皆宣判失當，令人啼笑皆非。由於對《論語》的曲解一個比一個離譜，因而顯得越來越荒唐，其詼諧效果也就隨之累積增大。

顛覆經典最成功的當屬周星馳主演的《大話西遊》。在電影裡，孫悟空成了一個風流倜儻的多情種，而唐僧卻成了一個絮絮叨叨、婆婆媽媽的禿頭男人。

　　目前，像這種顛覆經典的惡搞，凡是能上網的都能看到。以下是電影《赤壁》中的經典臺詞。

　　周瑜問：關將軍，您不是好讀《春秋》、《左傳》嗎？怎麼教起孩子們「關關雎鳩，在河之洲」來了？

　　關羽答：這不是為了暗示你，曹操此來是「窈窕淑女，君子好逑」啊！

　　周瑜問：張將軍，您不畫美女圖，怎麼寫起字來了？

　　張飛答：曹操已經畫過了，我只好展現我書法的才藝了。

　　周瑜問：劉豫州，您現在還編草鞋呢？

　　劉備答：這不是你們都愛在地上跑嘛，多費鞋啊！備戰備荒為人民啊！

　　周瑜問：孔明，你的扇子怎麼是黑色的？

　　諸葛亮答：一是怕人說我是拔了鴿子羽毛做的，二是為了陪襯都督你的雞毛撢子。

　　劉備問：周都督啊，你為什麼把我編鞋的草給折了？

　　周瑜答：這不是要替你們上課準備的教具嗎？

　　孩子們問：飯都吃不上了，還讀書幹嘛？

　　關羽答：你們將來就會明白，現在好好讀書，以後就會有飯吃，孔明叔叔就是你們的好榜樣，跟著他，還會有肉吃。

　　孫尚香問：二哥，你要改字叫「叔謀」嗎？以後我該叫你三哥？叫公瑾二哥？

孫權答：不必，妳學著我喚公瑾仲兄即可，伯（符）兄在天之靈會很欣慰的。

張昭問：昨夜我看到顯靈的到底是哪位主公？

群臣問：老主公是孫堅，先主公是孫策，千萬不要叫錯。

周瑜：天氣這麼冷，你還扇扇子？

諸葛亮含笑答曰：我需要一直保持冷靜。

大家問：孔明先生，您跟都督、小喬，郡主都眉來眼去的，到底誰是你的真愛？

諸葛亮答：且聽下回分解。

這種顛覆經典的幽默方法不僅很適合放在表演性的幽默中，如小品、相聲等，也可直接用於人際交流或談吐之間，使人與人之間互動增加談吐的諧趣。

需要注意的是，顛覆經典需要一個前提條件，即聽者要心領神會，並且至少要熟悉所顛覆的經典，同時，聽眾也能明白你是在故意顛覆。如果聽眾達不到這種水準，把故意顛覆當作無意的錯誤而予以糾正，那就必然導致幽默的喪失；或者聽眾把它當成正確的解釋，那更是南轅北轍，了無生趣。

延伸閱讀

「沒人會發現黑夜中煤塊的矜持。沒人會注意楓林中紅花的嬌媚。相似的顏色是毫不起眼的，如同相似的衣著，相似的思維，相似的生活。做朱砂中間深沉的黑色，墨跡旁邊鮮紅的亮點。當所有人都出色的時候，考慮是否出離出色。」

這是摘自一本名為《格言》的雜誌中某期〈近朱者黑，近墨者赤〉的一段文字，與傅玄的原句「近朱者赤，近墨者黑」的寓意截然不同。

語體移置 ──
五千年的歷史滄桑都寫在臉上

　　交流中，突然改變特定語言環境中的特定意義，褒義詞貶用、貶義詞褒用；今詞古用、古詞今用；俗詞雅用、雅詞俗用，都可令表達充滿活力。這種將某一語體表達形式，移置為另一種完全不同的語體風格來表達，叫作「語體移置」。

　　曾有一說：「移置是滑稽致笑的一個重要方法，將某一想法的自然表達移置為另一筆調，即可得到滑稽效果。」

　　例如，著名節目主持人凌峰在介紹自己時說：「中國五千年的歷史滄桑都寫在我的臉上。」巧借移置，為自己滿臉過多的皺紋做了絕妙的打趣，讓觀眾樂不可支。

　　如今，許多流行作品都在運用這種「語體移置」的方法，使文章輕鬆的產生幽默效果。

　　比如，風行一時的歷史小說《明朝那些事兒》，作者在文章中就常常運用語體移置的幽默招數，令讀者如痴如醉。我們節選幾段來欣賞一下：

　　朱元璋已經升任了軍隊中的總管，這個職位大致相當於起義軍的辦公室主任。他做得不錯，對於某些喜歡貪公家便宜，胡亂報銷的人，朱元璋是講原則的。由於他嚴於律己，大家也沒有什麼話說，如果就這麼做下去，他可能會成為一個優秀的財務管理人員。

　　此戰之後，張士誠名揚天下，他再接再厲，連續攻克幾個富饒地區，成為占地不是最大，卻是最富有的人（不愧是做私鹽生意的）。然而從

語體移置—五千年的歷史滄桑都寫在臉上

此之後，張士誠就變了，從來都是做小本生意的他，突然間有了全國最富的地盤，再也不用販賣私鹽了，有錢了，有房子了，拿著饅頭，想蘸白糖蘸白糖，想蘸紅糖蘸紅糖。

不知為什麼，這位皇帝繼位十年卻一直沒有兒子，這種事向來都是絕對隱私，通常也是街頭大嬸談論的熱門話題，換到今天也得偷偷摸摸的上醫院，更何況在那萬惡的舊社會。

像這樣的遣詞，在這本書中比比皆是。在讀一本書的時候，如果是描寫的是距離我們幾百年前古人的故事，卻不時冒出當今社會的流行詞語，是不是很容易產生幽默效果呢？

運用「移置」的方法來產生幽默，這一點，在相聲裡也會不時出現。談情說愛本是甜言蜜語，卿卿我我，但一旦充斥了各行業詞彙，便頓生意趣。

下面一段對話就是對此種方法的運用，更是引人入勝。

男：我得到一則訊息，妳愛我，是嗎？

女：這則訊息回饋得真快！

男：這太好了！我……恨不得……恨不得承包……

女：承包什麼？

男：承包妳的所有愛情！

女：媽媽原本說由我自己做主的，就怕到時不肯落實政策。

男：我們不需要父母的贊助！

女：小聲點！你的嗓門跟低音炮似的，又不是做廣告，要弄得人人皆知！

男：不要緊，這是公園最安全地帶，是戀愛的特區。

上面的戀人把一些專業用語移入到戀愛情話中，調侃意味十分濃厚，

就產生了幽默效果。

移置可以打破語體間的界限，實行「橫向交流」，造成語體的互相倒位。因此，此法具有極大的喜劇性，被大量運用於喜劇表演中。

如馮鞏的相聲《暖冬》的一些經典臺詞：

「兔子不吃窩邊草，何況品質又不好，何必非在身邊找。」

「穿上我的馬甲，明年就是歐巴馬；穿上我的長袍，趴下就是藏獒。」

馮鞏總有那麼一股討喜的喜感，加上這種「移置」性的臺詞，格外搞笑。

相聲《雜讀〈空城計〉》中也有這樣的片段：

甲：諸葛亮當中一坐，前邊是滿營將官，他對當前敵人的活動進行了一系列的整體分析！

乙：怎麼分析的？

甲：諸葛亮說：「根據我們偵察的情況，以司馬懿為首的反動軍隊，自祁山一帶向我方蠕動，從他們的行動來看，很可能進犯街亭，進一步占據西城，其目的是要把西城作為大規模侵略漢中的跳板。我們知道，西城不但是通往後方的交通幹線，也是極為重要的戰略要地，街亭又是西城的橋頭堡。因此，我們必須主動出擊，把進攻的敵人一網打盡。」

這裡，諸葛亮流利的使用現代語言，今詞古用，沒有按照常規的文言文講述，結果讓人覺得語言很生動，也很有情趣。

其實，「移置」就是把詞語的語言意義「強行扭曲」成另一種含義。當一個原有表達方式被強行改變，還要硬把它當作本義來理解時，就會得到滑稽效果。所以，當我們的注意力集中到某一移置的具體方面時，它表達的意思就變得滑稽可笑了。

西元前 480 年，斯巴達國王列奧尼達一世（Leonidas）率領 300 名

勇士與波斯軍隊決戰。波斯派來一位使者,想勸列奧尼達一世放棄抵抗。「我們的士兵是那麼的多,我們的箭飛起來能遮蔽太陽。」

「多多益善!」斯巴達國王答道,「那樣我們可以在陰涼處作戰了。」

總之,突然改變原有的語言環境中的特定意義,可令語言充滿幽默的活力,增加情趣。

不過,使用語體移置時,一定要注意把握好「尺度」,別把幽默和開玩笑混淆起來,否則,那就不是好笑了,很可能會傷人。聽眾可能會笑,但在他們心中,你會讓人討厭。

延伸閱讀

小王是銀行出納員,老公向她告白時,寫了這樣一段話:

「親愛的小王:我一直在儲蓄這個想法,期望能得到利息。如果週五有空,妳能把自己存在電影院裡我旁邊的那個座位上嗎?我把妳可能已另有約會的猜測記在帳本上。如果真是這樣,我將提領出我的要求,把它安排在星期六。不論貼現率如何,做妳的陪伴始終是十分愉快的。我想妳不會認為這個要求太過分吧。稍後我來與妳對帳。真誠的李。」

戲仿諧謔 ——
風蕭蕭兮易水寒，白鴿一去烤鴿還

戲仿，又稱諧仿，指對其他作品進行戲弄式的仿照借用，把原有的語言和情境，用移植新意的諧謔手法與原意形成對照，從而產生出不協調之趣，以達到調侃、嘲諷、戲說的目的。在現代幽默手法使用中，人們常常使用此法來製造幽默的效果。這種幽默方式更多被年輕的網友們稱為「惡搞」。

例如，電影《赤壁（上）》剛上演不久，就有網友對其進行了戲仿，短短不到 16 分鐘的影片被用自己的方式加以戲說。與電影《赤壁（上）》還有頗多呼應之處，令人捧腹，不少網友稱讚其有「鬼才」。

我們節選幾段來一起分享。

電影《赤壁（上）》的結尾是，一隻白鴿飛向曹營，而山寨版《赤壁》的開頭就從這裡開始：

（一）

天上的白鴿落到諸葛亮手裡的時候，已經成了光禿禿的烤乳鴿，諸葛亮搖著一把破蒲扇悠然吟出：「風蕭蕭兮易水寒，白鴿一去烤鴿還。」然後，他和周瑜一邊大快朵頤，一邊商討對策。得知諸葛亮準備用空襲對付曹操的水軍，周瑜說：「妙計！好戰者整於九天之上，這是兵書上說的。」諸葛亮問：「哪本兵書？」周瑜說：「《×××品三國》。」

（二）

劉備派張飛去曹營詐降。曹操不信劉備會派人來投降，張飛說：「你很好很強大，俺們跟你對抗，很傻很天真。」

曹操看到張飛帶來的禮物居然是硝酸、硫黃、火藥和乾柴，不解道：「你們送這些東西是什麼意思？難道要老夫我替你們開篝火晚會不成？」

張飛說：「你們看過北京奧運會都放鞭炮嗎？俺哥哥怎麼說也是個政府官員，率千軍萬馬來投降，怎麼說也得熱鬧熱鬧啊。」

（三）

曹操敗走華容道的時候，孫尚香攔住了他的去路：「你就是貪圖我們家姐姐的美貌吧？」

「哪裡哪裡，老夫怎麼說也是一代名將，史書上曾有記載。」說著拿出一本《上下五千年》，結果他還是被孫尚香點了穴。緊要關頭，關羽的聲音響起：「幫他解穴。」

孫尚香說這恐怕不好跟上面交代，關羽說：「我也不想放，可是不放，劇情如何發展下去？」

臨走前，曹操來到小喬跟前：「史書上記載周瑜命短，妳就跟著我享受榮華富貴吧。」小喬拂袖而去，曹操還不死心：「小喬，妳的聊天帳號是什麼啊？」

看到沒反應，曹操恨恨的說：「待老夫回去重整人馬，再收吳蜀。」然後騎上一輛摩托車，一騎絕塵。

如果說山寨版《赤壁》的戲仿是對故事情節的模擬，那麼對新版《紅樓夢》的戲仿則是對句式的套用。新版《紅樓夢》人物造型剛一出來，基本就已經有了讓人暈倒的效果，更有網友便對其情節進行戲仿。

試節選兩段。

（一）

賈母急得道：孽障！你想魔幻！要做武俠劇便已容易，何苦去改那命根子紅樓夢！

寶玉滿臉淚痕道：家裡姐姐妹妹都像白蛇傳，單我像西門大官人，我說沒趣，如今來了這麼一個神仙似的妹妹也打扮得小青一樣，可見不是個好東西！

襲人忙道：快休如此，將來只怕比這更奇怪的服飾笑話還有的是呢，若只為服飾大師設計的這兩身行頭你就多心傷感，只怕日後還傷感不過來呢。

黛玉道：姐姐們說的我記得就是了，只是那服飾大師不知是根據什麼來歷，把新版紅樓夢設計成這樣的行頭？

襲人道：不知道根據什麼來歷弄的，據說上面還有崑曲的一層皮，聽說，落草時還是用窗簾布來使著，等我貼到網路上你看看便知。

（二）

寶玉忙忙來至怡紅院中，向襲人、麝月、晴雯等笑道：妳們還不快看人去！誰知××大師設計「蘋果紅了」是那個樣子，這「石頭紅了」另是一樣，倒像是「青蛇」的翻版，更奇在你們成日家只說這版設計如何缺陷，你們如今瞧瞧××大師的設計，更有××導演的人選，我竟形容不出了。老天，老天，你有多少架空魔幻可糟蹋浪費，生出這些妖孽來！可知我井底之蛙，成日家自說現在的全球××導演和××服裝設計是有一無二的，誰知不必遠尋，就是本地風光，一個賽似一個，如今我又長了一層學問了。一面說，一面自笑自嘆。

晴雯等早去瞧了一遍回來，嘻嘻笑向襲人道：妳快瞧瞧去！一個小青版寡婦黛玉，一個白素貞版寡婦寶釵，加上一個馬道婆版幽靈妙玉，一個

21

西門慶版陽光寶玉，倒像一把子四根蔥。

看了以上令人捧腹大笑的戲仿幽默，一定會有讀者說，既然這樣好玩，那我也來戲仿一把。戲仿看起來簡單，但是在運用上卻要掌握好三個字：名、熱、新。

名，就是你所模擬的應該是知名度高的名篇、名言、名句，或大家熟悉的成語、臺詞、俗話等。舊瓶裝新酒，親切找自然。

熱，就是你要表達的內容要與時代合拍，最好是人們正在關心思考或者是有爭議的熱門話題，這樣就能很快引起人們聯想，產生共鳴。

新，就是觀點新，這是戲仿幽默的靈魂。也就是說，舊瓶僅僅裝了新酒還不夠，還必須裝入新的氣息，予以造成幽默的醉人氣氛。

其次，在戲仿模擬的過程中還要學會交叉運用一下方法 —— 順擬法、反擬法、比擬法、仿擬法、別擬法等。

總之，戲仿模擬的要訣在於出人意料的把毫不相干的事扯在一起，內容越是風馬牛不相及越好，距離越大越能引發效果；在形式上，則越是接近，越有幽默的效應。

延伸閱讀

仿蘇東坡〈水調歌頭·明月幾時有〉：

妹妹幾時有？把酒問室友。不知隔壁姑娘，可有男朋友？我欲鑿牆看去，又恐牆壁太厚，疼壞我的手。改用偷窺鏡，屋裡人已走；轉樓梯，低頭看，那某某，果不單身，她正勾住俊男肘。人有悲歡離合，月有陰晴圓缺，此事古來有。但願沒多久，他倆就分手！

機械模仿 ——
頭痛是因為腦袋是空的

不管對方如何變化，自己萬變不離其宗，把運用於某些事物上的東西生搬硬套到另一種事物上就是機械模仿。這種機械式的模仿，有時可產生出笨拙可笑的幽默。

先看個例子：

一個男孩放學回家時，覺得肚子痛。「來，坐下，吃點東西。」媽媽對他說，「你肚子痛是因為你肚子是空的，吃點東西就會好的。」

沒多久，男孩的爸爸下班回家了，說是自己頭痛。「你頭痛是因為你的腦袋是空的，」他那聰明的兒子說，「裡面裝點東西，就會好的。」

這句話幽默之處，正在於孩子模仿了媽媽的話，機械的認為：肚子痛是因為肚子裡是空的，那麼頭痛當然是因為腦袋空了。這種機械模仿常出於孩童之口，讓人哭笑不得。

法國哲學家柏格森（Henri Bergson）說，幽默是「鑲嵌在活東西上的機械」。如果在一個舞場，突然出現一個機器人，機械的模仿人們的舞蹈姿勢，當然好笑。

看過《摩登時代》（Modern Times）的人，應該對卓別林的表演記憶猶新。在高度機械化、自動化的流水線上，一個工人要做的全部動作都被簡化成機械動作了，當人被機械搞得筋疲力盡時，以至於他看到女人衣服上的鈕扣也要當螺絲釘去扳一下，結果諷刺的幽默效果奇佳。

機械模仿─頭痛是因為腦袋是空的

其實，現實生活中，這樣的例子很多，我們來看一個比較特殊的例子：

一個學生，很認真讀書，老師說什麼，他便牢記在心。

這天，老師交給他三個字「你、我、他」，並用他們造句。老師說：「你，你是我的學生；我，我是你的老師；他，他是你的同學。」並讓學生牢記在心。

學生回到家，很高興地告訴父親說，自己學會了造句，並指著父親說：「你，你是我的學生；我，我是你的老師。」他又指了指他的母親說：「她，她是你的同學。」

父親一聽，很氣憤，說：「我怎麼是你的學生呢？我，我是你的父親；你，你是我的兒子；她，她是你的媽媽。」

學生一聽，父親說得有道理，便牢記在心。第二天來到學校，對老師說：「老師，你教錯了，應該這樣造句：你，你是我的兒子；我，我是你的父親；她，她是你的媽媽。」

這位學生的「傻」在於語言表達應隨情景的變化而變化，一味機械刻板的模仿，結果使人發笑。當然，這只是個笑話，現實生活中這樣的父親和學生應該很少。但我們在製造幽默效果時，切忌生搬硬套，「機械模仿」。

機械模仿類的笑話，多產生在幼年的孩子身上，因為孩子們的思維一般是簡單而平面型的，表現出不理解原話的意思，只是對大人們常說常做的事像機械一樣模仿過來。

比如：

（一）

嘟嘟只有兩歲半，是幼稚園小小班的小朋友。這天小小班同學玩遊戲，老師把一籃積木倒在桌上讓小小班的小朋友們自由發揮。

只見嘟嘟把積木放在自己面前排成一橫排，然後向前一推，嘴裡喊著：「我胡了！」

（二）

安安老師的男朋友今天來幼稚園看安安老師，小朋友們見有人來，都急著去表現，一起跑到安安老師面前大喊：「老師，老師，妳爸爸來接妳了。」

（三）

小王的兒子到姑姑房間裡去玩，回到爸爸身邊時拿著一小袋糖，說是姑姑給的。爸爸問：「你說『謝謝』了沒有？」

「啊，忘了。」兒子馬上又跑到姑姑房裡去道謝。

回來以後對爸爸說：「其實我不用去謝姑姑。」

「為什麼呢？」爸爸問。

「姑姑說：『好孩子，不用謝』。」

生活中，有些不善於語言表達的人也會產生這樣的笑話。但這類笑話可不是人為製造的幽默，屬於傻呼呼的愚笨。

有一個年輕人不善於說話。一天，鄰居家生了個兒子，大家都去祝賀，他也去了。去之前，父親特意叮囑他，在席間一定不要說不吉利的話。

於是席間，他一言不發，只管埋頭吃東西。

快結束時，旁邊人問他為何不說話，他說：「你們看見了吧，我今天可什麼也沒說，這個孩子將來要是死了，那可不關我什麼事！」

這個年輕人雖然記得父親的叮囑，緊張得過分，生怕說錯，什麼也不敢說，可最終還是沒有考慮周全，還是說了「此時不該說的話」，叫人哭笑不得。

機械模仿—頭痛是因為腦袋是空的

那麼，什麼才是用機械模仿的方法來表現出幽默呢？比如下面這個例子就可以用來應對某些不樂意的事情。

音樂家魯賓斯坦（Rubinstein）在波士頓舉辦了一場個人演奏會，演出票在幾天前就銷售一空了。

可是在演出前，一個自命不凡的貴婦人來到了後臺，二話不說就問魯賓斯坦要票。

魯賓斯坦很瞧不起這種淺薄無禮的女人，便冷冷的說：「對不起，夫人，我現在只有一個座位了。」

「沒關係，一個座位也行！」貴婦人喜出望外。接著，她又頭一揚，對魯賓斯坦說：「不過，我想要的是一個前面的座位！」

「錯不了，是前面的！」魯賓斯坦一邊說，一邊用手一指，「看見了嗎？就是鋼琴前面的那個座位！」音樂家就是用這種機械模仿貴婦人提出的「前面的座位」的方法，不動聲色的對貴婦人進行了嘲諷，同時，為人們帶來了幽默效果。

延伸閱讀

詞以境界為最上。有境界則自成高格，自有名句。五代北宋之詞所以獨絕者在此。（王國維《人間詞話》）

模仿句：考以作弊為最上。有作弊則自會過關，自有高分。我之所以大考小考從未不及格者獨絕在此。（某大三男生〈平時不看書考試照樣過關〉）

動作模仿 ——
卓別林的「鴨子」步

　　柏格森說：「模仿的機械動作，本身就是滑稽。有些姿勢，我們並不想笑它，然而一經別人模仿就變得可笑了。」唯妙唯肖的模仿、誇張的模仿，甚至是拙劣歪曲的模仿都能製造出幽默效果，引起人們的開懷大笑。

　　卓別林就是一個動作幽默大師。他四歲的時候上街賺錢，模仿的就是一些著名歌唱家的調子。演唱的同時，他還會做出各種可笑的動作逗路人開心。他那絕妙的「鴨子式」步法，後來被人們爭相效仿。

　　現實生活中，在動作模仿上，同樣可以產生強烈的幽默「笑」果，比如男子模仿女子能產生強烈的不協調感，這也是產生幽默的良方。請大家記住，幽默不只是由調侃的語言組成，還包括動作在內等各種成分。

　　某大學裡，同寢室的幾位男生高興的時候，便模仿時裝表演中模特兒走的臺步來逗樂。他們對姿態模仿的好壞評分，還研究最能表現個人風格的姿勢模仿。其中一位同學的精彩創意把表演推向高潮，他把花床單往腰間一圍，然後臀部扭呀扭的學走……

　　動作誇張的模仿，最能激發人們笑神經的大概是男扮女裝了。許多電影運用了這一致笑方法，利用不協調和錯位造成一陣又一陣的笑聲，周星馳電影則把這一點發揮到了極致。

　　比如：

　　《鹿鼎記》裡，由男演員扮演的那個人見人吐的老闆娘，本身就已假得很誇張，還要把一對假乳很誇張的往上聳一聳；另一位「如花」的扮

動作模仿—卓別林的「鴨子」步

演者更強，好幾部電影裡，他扮女生居然還留著明顯的鬍子！

在網路上也有這樣的例子。有兩個男生，扮演許仙和白娘子，連相應的道具都很奇特，把女生的花紗巾往身上一披就開演了。中間屁股亂扭，還互相「調情」，讓人看得渾身發麻而又忍俊不禁。真是深得周星馳無厘頭搞笑的精髓！

在動作上，還可以運用其他一些幽默技巧。比如說「分裂」手法。這裡所指的分裂是指行為與意念的分離或背離。例如，哥哥與妹妹下棋，聽到爸爸走近房間的腳步聲，馬上藏起棋來做功課，就是將想盡情玩耍的意念與「一本正經」做功課的行為相背離，從而產生幽默效果。

值得指出的是，一般來說動作幽默是比較低階的幽默。卓別林能名揚四海，更多的是情節因素發揮作用。如果動作幽默沒有內涵，一味的靠姿勢的可笑來產生幽默效果是不能持久的。

不合邏輯 ——
你要我犧牲了再活過來，我就犧牲了再活過來

一對戀人剛看完《鐵達尼號》，女的問男的：「你能不能像傑克那樣為我犧牲？」

男的剛剛受了「英雄主義教育」，為自己最愛的人怎能不敢犧牲。他說：「我要為妳犧牲。」

女的說：「你好狠心，你犧牲了我怎麼活？」

男的不解，又說：「那為了妳，我就不犧牲了。」

女的又說：「看，你的狐狸尾巴露出來了吧。」

男的無可奈何，一拍胸脯說：「妳要我犧牲，我就犧牲，妳要我不犧牲，我就不犧牲，妳要我犧牲了再活過來，我就犧牲了再活過來。」這是一個非常明顯的不合邏輯的幽默。還有一種類型，就是事情本身有一點幽默，不需要在邏輯上下很大的工夫，只需要把它說清楚，就可以了。

有一次，軍訓結束後，一位輔導員發現一位同學把衣服弄丟了。輔導員找這個同學談話：「你去洗衣服了，那衣服去哪裡了？」

這位同學說：「遺失了。」

輔導員又問：「怎麼遺失的？」

同學說：「我把衣服泡在水裡，倒了一包洗衣粉然後開始搓，又拿到水龍頭下沖。結果衣服就不見了！」

軍訓結束後，輔導員表揚了這位同學，說：「這位同學透過軍訓成長得很快，這位同學以前用一包洗衣粉洗一件衣服結果把衣服洗丟了，但是

不合邏輯—你要我犧牲了再活過來，我就犧牲了再活過來

他現在用一包洗衣粉洗很多件衣服也沒有洗丟一件衣服。」

人們都知道，通常情況下，相同的原因，產生相同的結果；不同的原因，產生不同的結果。如果同樣一個人，同樣一件事，同樣的原因和條件，卻產生不同的結果，從常理來講，這不合邏輯。然而，對於幽默的構成來說卻不然，在許多情況下，越是不合邏輯，就越可能構成幽默。

看過臺灣娛樂界主持天王吳宗憲節目的人，肯定對他的主持風格難以忘懷。吳宗憲的節目中時常透過一種突如其來的、不合邏輯的、看似荒唐的語言和行動，在不經意間讓人驚詫，進而爆發出一陣陣笑聲。

在吳的節目中，一切的「非邏輯」都是為他的突發性幽默服務的。他大量應用諧音、雙關語、自我矛盾的方式，讓觀眾在看似荒誕的語言中，發現生活中的種種矛盾及不合情理之處。比如他曾經說過一句相當經典的「瘋話」：「我生平最恨兩種人，一種是種族歧視的人，一種是黑人。」

這句話引來全場觀眾爆笑。然而人們在笑過後，又不禁會感嘆：世上有多少國家和人是如此德性！當著人群說冠冕堂皇的話，私下又是另一種態度！這種說一套做一套的兩面派，在吳的一句無邏輯的話裡，被無情的揭露了。

我們再看一個例子：

吳宗憲問一個 14 歲的小女孩：「上課的時候太無聊，割自己的手啊？」（一臉正經）

小女孩的父親：「現在的國中生，太愛耍帥了。」

吳宗憲：「我是個當爸爸的人了，讓我來說兩句好不好？」

小女孩的父親：「好好好。」

吳宗憲臉轉向小女孩嚴肅的說：「小妹妹，妳上課怎麼可以這樣？居然割自己的手，要割就割同學的嘛。」

　　從吳宗憲前面的一臉正經來看，他一定是要對小女孩大大的訓話一番了，不料他竟然「不懷好意」！本來有些壓抑的氣氛被他輕鬆的打破了，小女孩和觀眾都捧腹大笑。在吳宗憲的有意「教唆」下，小女孩心中的悔意與遺憾有沒有些許的減輕呢？由此可見，生活中的各種問題在沒有「邏輯」的惡搞中能夠變得不再那麼嚴肅，反之讓生活更輕鬆愉快。

　　「非邏輯」在社交生活中極有實用價值，它能讓你在情況不斷變化的條件下，找到有利於自己的理由，哪怕互相反對的理由，也都能為己所用。

延伸閱讀

　　相聲名段《醉酒》中，兩個酒鬼在對話：

　　甲：你說你沒醉，你來看看這個。（從腰中掏出一物）

　　乙：什麼？

　　甲：拿出一個手電筒來，往桌上一放，一按電源，不是出現一個光柱嗎？

　　乙：是呀！

　　甲：你聽這話醉了沒有？——「你說你沒醉。來，你順著這柱子爬上去！」

　　乙：啊？那能爬上去嗎？

　　甲：另一個也不含糊呀：「這算什麼？你別來這套，這套我懂。要我爬上去呀？我爬到一半，你一關電源我不就掉下來了？」

故意歪解—鹹鴨蛋之所以鹹，因為它是鹹鴨子生下來的

故意歪解 ——
鹹鴨蛋之所以鹹，因為它是鹹鴨子生下來的

話說三國時候，曹操有一次行軍打仗，士兵們走得都很累，沒有精神也沒有鬥志。有些人乾脆一屁股坐在地上不走了。曹操心裡很著急，但是也沒有辦法。前思後想，他就想出來一個妙招。

曹操對士兵大聲說：「兄弟們！前面有一大片梅林，結滿了許多又酸又甜的果子，吃了可以生津解渴。」

士兵們一聽都來了精神，一個個口水都流下來了。曹操後來藉此找到了水源，後人稱這個典故為「望梅止渴」。

成語典故都有它固定的含義，絕大多數不能按其字面的意思來直接解釋。而幽默常故意採用歪解法，卻偏偏「顧名思義」，突破人們固定的思路或者說跳出常理，讓幽默不約而至。

下面關於「守株待兔」的解釋就是運用這樣的方法：

傳說，宋國有個人，養了一窩豬，到了冬天豬怕冷，這個宋國人就在豬圈裡放了很多的草讓豬禦寒。

有一隻兔子發現了這個祕密，便在某天半夜跑到豬圈裡偷吃豬圈裡的草。不料，天太黑，伸爪不見腳趾，一不小心掉到豬圈旁邊的豬糞池裡，淹死了。

第二天，那個宋國人看到了死兔子很高興。於是就天天守在豬圈旁邊，希望哪天再有兔子偷吃豬圈裡的草淹死在豬糞池裡。

這就是「守豬待兔」的由來，豬和株是諧音字，所以史書上又稱

「守豬待兔」為守株待兔。

採用故意歪解的方法來達到幽默的效果，在生活中無處不在，只要你留心觀察，隨時都能找到。

在交際中，有一說一、有二說二，沒有任何的創新和變化，也沒有奇巧和怪誕，生活無異於一潭死水了。反之，假如我們就某種現象進行說明或者就某個問題進行解釋時，講出了別人沒有想到的奇妙歪理，給人一種新奇的心理體驗，相信一定能使人眉開眼笑、精神大爽。

看過相聲大師馬三立表演的相聲《吃元宵》的人，肯定對其中一段故意歪解孔子的對話記憶猶新，我們一起來回顧一下這段經典：

馬：聖人不愛聽戲呀。

張：你怎麼知道？

馬：《三字經》上寫著「嬉（戲）無益（意）」──聖人感覺戲劇呀沒有意思，聖人最喜歡的就是相聲。

張：是啊？這有考查嗎？

馬：哎──你看《三字經》裡寫著「性相近」──這就是說聖人的性情恨不能和我們說相聲的接近。兩人在一塊呀研究學問，還互相比著吶！

張：怎麼個比法？

馬：彈額頭的。

張：啊？這也有嗎？

馬：你讀過《詩經》嗎──「邦畿（梆唧）千里」呀──就是聖人「梆唧」一下子被如來佛彈出一千里地去。

張：咗──！好吧，那後面還一句「維民所止」呢？

馬：是啊，他被老百姓給「止」住啦，要不然就掉海裡啦！要不然

怎麼廟裡的如來佛額頭上都有一個大鼓包呢。

張：那是舍利子啊。

馬：不，那是聖人彈的。

張：好傢伙，聖人還有這本事？

馬：兩人一塊研究佛文……後來呀，抽菸！倒楣了。

張：啊？聖人抽菸？這又是哪裡說的？

馬：你讀過《論語》嗎？《論語》——「二三子以我為隱（癮）乎？吾無隱（癮）乎矣。」——一定是子路、顏回呀勸聖人，說「師父啊，您怎麼又抽菸啊？」，聖人就說啦——「二三子以我為隱（癮）乎？」——你們以為我有癮了嗎？「我無隱（癮）乎矣。」——沒有癮，抽著玩。

張：抽著玩？

馬：抽著玩倒楣了，急的，為難，賣東西，當當……

張：當當？聖人當當？

馬：對呀——「君子常蕩蕩（當當），小人常戚戚」麼。

張：哎——「君子坦蕩蕩……」

馬：什麼蕩蕩？

張：坦蕩蕩。

馬：連毯子都當了！

張：嗨——！

馬：就是當當啊，急的呀，全賣啦，唱機、唱片、收音機、話匣子…

張：話匣子？那時候有這個東西嗎？

馬：當然有啦。話匣子——學名叫留聲機，唱機、唱片，哪裡來的？

誰發明的？

　　張：外國人吶。

　　馬：哪個外國人？

　　張：哪外國人我就不知道了。

　　馬：孔仲尼。

　　張：哦，是聖人發明的？有考查嗎？

　　馬：當然啦，你讀過《論語》嗎——「吾聞其語矣，未見其人也」，這就是話匣子嘛。「吾聞其語矣」，聽見聲音了；「未見其人也」，看不見人，這不就話匣子嗎？等聖人死後過了一百代，外國人才發明出來，所以叫「百代」公司。

　　張：這麼個百代公司啊！

　　用似是而非的荒唐道理去解釋某種現象，就是故意歪解法的幽默之處。

　　再來看下面這段對話：

　　「您認為牛皮最大的用途是什麼？」

　　「做皮衣。」

　　「不對。」

　　「做皮鞋。」

　　「還是不對！牛皮最大的用途是把牛包起來。」

　　像這種尋找新奇表現角度的方法來解釋正常的現象、來說明一本正經的問題，可以給人一種耳目一新的幽默感。

　　在網路上，一個名叫「風吹雪」的朋友發文，將金庸名著的名稱來歷統統給做了奇特的解釋：

故意歪解—鹹鴨蛋之所以鹹，因為它是鹹鴨子生下來的

- **鹿鼎記**：鹿鼎記乃是明報大樓旁邊的一個俄式燒烤店，金庸常邀一二同事、三五好友，對飲小酌，相言甚歡。鹿肉乃燒烤之上品，鼎就是烤肉的爐子。
- **越女劍**：如果你看過老版本的，你會看到這樣一首壓題詩：「二月天，約女見，立良久，恐龍現。暗叫糟，忙回轉，連三天，飯難嚥。」越女劍（約女見）說的是金庸第一次見恐龍的經歷。
- **神雕俠侶**：金庸有一嬸嬸，以刁蠻潑辣著稱，對幼年時的金庸態度尤為惡劣，以致金庸每次見她都嚇得小臉發綠。所以有此一說：神雕俠侶（嬸刁嚇綠）。
- **射雕英雄傳**：大學時，金庸有一好友，成績不太好，每次考試都要折掉幾科，每每考完，金庸都要嘲笑他：「英雄啊，又折掉了？」射雕英雄傳（折掉英雄傳）這個名字實是為紀念他。
- **倚天屠龍記**：對妻子很好，溫柔體貼，無微不至。夫人坐月子時，金庸曾經一天殺了一籠子雞，燉湯替她補身體。以後金夫人每說到金庸好處，就會提到倚天屠龍記（一天屠籠雞）。
- **連城訣**：金老看到以上解釋連連稱絕（連稱絕）「知我者，風吹雪」。

這些書名解釋可謂是聯想豐富、千奇百怪，雖然有點牽強，但卻新奇搞笑，無不令看眾耳目一新。

如果你一輩子只會說鹹鴨蛋是用鹽浸泡了才鹹的，那你就太拘泥，太一本正經，太放不開，太傻呼呼，太死心眼了，你就一輩子幽默不起來。如果你勇於把道理歪曲一下，狠狠心，硬著頭皮說：「鹹鴨蛋之所以鹹，因為它是鹹鴨子生下來的。」那你就不那麼傻呼呼，不那麼死心眼，你的腦袋裡就有一點幽默細胞了。

校：左邊之「木」是「百年樹木」之「木」，即表明學校的性質 —— 培養棟梁之材的地方。右邊之「交」，是說要想成為「木」，就得準備多「交費」了。像什麼保險費、輔導費、補課費、參考資料費、試卷影印費、校服費等。

尖：上面一個「小」，下面一個「大」，即組成「尖」字。其意是說，只要有掌實權的「大人」在下面抬舉，哪怕你是個微不足道的「小卒」，平庸無能的「小吏」……甚至厚顏無恥、上竄下跳的「小人」，都可立即成為「頂尖」 —— 出類拔萃者。諸如什麼評上高階職稱，破格提拔到主管職位等，都易如反掌了。

告：廣告的「告」、報告的「告」……下面之「口」是「吹」字的一半；上面之「牛」是「牛」字的一半。此字之意是說，如今許多廣告，上市公司財務報告……乃至某些主管做的報告，有一半是在「吹牛」！

歪打正著 ——
什麼是法？上天無路，入地無門，只好上看下看

一天，王老師正在講句式，發現下面學生睡得東倒西歪。

於是大聲說：「曹操，請你說個疑問句！」

正做美夢的曹操嚇了一跳，「噔」一下站起來說：「老師，你叫我做什麼呀？」

「嗯，說得不錯。劉備，說個反問句！」

劉備睡得暈頭轉向，站起來就發牢騷：「這麼沒勁，也叫講課？」

「好！周瑜，說個陳述句！」

周瑜正在打瞌睡，忙解釋道：「我今天有點不舒服。」

「太棒了！孫權，再來個感嘆句！」

孫權似夢非醒，站起來打個哈欠說：「我好睏呀！」

老師大喜：「嘿，沒想到課堂效率這麼高呀，都坐下吧。」

四人大眼瞪小眼的坐下了。

像這種歪打正著的事例不勝枚舉。如果我們隨便打開一本漫畫，總是不難找到偶然巧合的連鎖反應。

非必然非因果的成分越多，越能引起喜劇感。這種喜劇風格在西方文學中是有傳統的。看過塞凡提斯（Miguel de Cervantes）的《唐吉訶德》的人，應該是深有體會。例如，客店那一場，騾夫純屬偶然，揍了桑丘一下，桑丘又打了馬立托奈斯，老闆又摔倒在馬立托奈斯身上。在現代西方喜劇中，這屬於通俗喜劇。原因是純粹的偶然性疊加而成，柏格森把

這種形式稱之為「滾雪球」，他的功能是一系列的誤會使原本正常的動因變成了歪曲的結果，而且越來越歪，離原來的目的越遠，可以說越打越歪，越歪越打不著。

有許多喜劇之所以喜不起來，就是在遠離目標時不善於突然的接近目標，實際上就是不善於使讀者和觀眾一次次期待落空之後，準備著再一次落空之時，突然的、偶然的、意外的把落空變成落實。唐老鴨的故事，之所以成為經典，就是常常把落空累積到極點時突然讓觀眾驚訝於願望的落實。

在中國古典正統文學中很少有這樣淋漓盡致的喜劇，但在民間文藝中則不乏這種風格的精品。有一個單口相聲叫做《小神仙》，故事情節非常離奇：

豆腐坊老頭丟了驢 —— 來找小神仙算卦 —— 小神仙讓他到背後的藥鋪去抓藥 —— 豆腐坊老頭吃了藥 —— 驢果然回來了……這說的是一種算命的迷信職業者，善於製造聳人聽聞的效果。恰巧場外有人打架。一個老頭子抱著一把宜興壺往場裡擠，正好燙著一個年輕人的手臂，兩人吵了起來。小神仙為穩定看客，就對老頭子說，你的這把壺出了格了，今天、明天、後天這三天要摔破，要是三天不摔破，保存到第四天，就價值連城，賽過聚寶盆！老頭子立即回家找尋安全之地，最後在牆上挖了個洞，把壺放在裡面。誰知鄰居只有一身外出衣服。白天穿，晚上洗，要在房間裡搭竹竿，隔牆釘釘子一錘子敲在老頭子的壺上，果然碎了。

這是古典型的歪打正著，結果與完全不相干的原因形成反差。

有時，也不一定是期待的落實。相反，在期待和願望層層演進的過程中，突然無可奈何的落了空，也可產生幽默效果。中國傳統的幽默故事中，不乏這樣偶然性的連鎖結構。

歪打正著—什麼是法？上天無路，入地無門，只好上看下看

有一個大和尚對佛法一竅不通，有人前來問法，全靠兩個做侍從的小和尚代答。

有一天，一個行腳僧向大和尚請教，正巧小和尚不在。

行腳僧問：「什麼是佛？」大和尚茫然，他東顧西盼不見小和尚。

行腳僧又問：「什麼是法？」他感到上天無路，入地無門，只好上看下看。

行腳僧又問：「什麼是僧？」他答不上來，只好裝睡，閉目不睬。

行腳僧又問：「什麼是修法之道？」他自愧一無所知，還當什麼大和尚，不如伸手乞討，當乞丐，就把手伸了一下。

行腳僧出來對兩個小和尚說：「剛才我向你們師父求教，我問佛，他左顧右盼，分明是說：人有東西，佛無南北；我問法，他上看下看，是說：法本平等，無分上下；我問僧，他閉目無語，是說：白雲深處臥，便是一高僧；我問修法之道，他伸出手來，當然是接引眾生的意思。這位大師真是明心見性，佛法精通。」

這自然是屬於歪打正著之列。但是歪因正果之間得有一種表面的歪曲關聯，這種關聯在實質上不管多麼不通，可是在表面上要能發生瓜葛，這種瓜葛越是貌似緊密，就越能構成幽默感。

延伸閱讀

乙：怎麼，今天您有點不高興？

甲：淨遇見好事，能高興嗎？

乙：跟您開個玩笑。心裡有不痛快事說出來，痛快痛快。

甲：那就，痛快痛快。前些天，公司舉辦徵文。題目是「職業道德大家談」。

乙：我了解您。不用說，您一定得獎了是不是？

甲：是。

乙：幾等獎？

甲：三等獎。

乙：都得三等獎了，還生氣？

甲：這獎，我拿得太窩囊。

乙：怎麼呢？

甲：聽說徵文，我就想：就我這水準、就我這認知、就我這影響，怎麼樣也得寫篇像樣的文章。

乙：對。

甲：我一連7天沒睡覺，終於寫出〈職業道德從高品質完成本職工作開始〉。

乙：文章題目就好。有高度、有深度、有力度。

甲：對桌小楊由於太忙，求我幫他改一篇文章交上。

乙：那得好好改。

甲：當然了。

乙：用了多長時間。

甲：（比劃八）

乙：八小時。

甲：八分鐘。

乙：八分鐘？八分鐘改的文章，能要嗎？

甲：能要嗎？告訴你吧，得二 —— 等 —— 獎。

乙：這回我知道你為什麼生氣了。敢情你用7天寫的文章得三等獎，你用8分鐘改的文反而得二等獎？我說，你的水準也太高了點了。

甲：就是嘛！結果人家小楊抱回一個微波爐，我舉著一個水瓢回來了。

乙：為什麼？

甲：評委主任說，評審前專門找人把從網路上下載的文章挑出來，是大家看在我的名氣上，經過全體投票，才勉強賞我一個三等獎。您說我冤不冤？

乙：這您認命。等下回吧。

甲：沒過兩個禮拜，公司又舉辦「精神文明伴我行」徵文活動。我熬了7宿寫成一篇〈文明從我做起〉。吸取上回教訓，我把小楊的徵文與我的對調。他的文章簽我的名字，我的文章簽上他的名字。這也算扯平了。

乙：這回該得獎了？

甲：別提了。這回小楊又抱回一臺大電視，得了一個一等獎。

乙：你呢？

甲：我連入圍都沒入圍。

乙：又白忙了半天。等下次吧。

甲：沒過兩禮拜，公司又舉辦徵文，題目是「鄰里之間好兄弟」，我又熬7宿寫了一篇。這回我多了個心眼。為萬無一失，我在文章開頭寫上：「我的文章不是從網路上下載的，也沒跟我的對桌小楊調換」。

乙：這回安民告示，該得獎了。

甲：更別提了，評委說我是「此地無銀三百兩」，正文看都沒看就給pass了。

隨機套用 ——
成不了龍，只能成條毛毛蟲

如果我們能夠預先熟練的掌握一些與自己的工作生活有關的幽默範例，然後加以靈活的套用，或者根據環境即興發揮，就能產生幽默的效果。

上課期間，幾位學生做小動作，老師沒有直接點名，而是讓犯錯誤的同學自己站起來。有兩位同學知道自己又犯了錯誤，悶著頭站了起來。有同學插了一嘴：「站了兩條龍。」（他們倆名字裡含「龍」），此時又有一位同學站了起來（他的名字裡含「成」）。

老師不急不徐的說：「正好，你們三個人『成龍』了。」班裡「哈哈哈⋯⋯」笑開了。

老師不失時機又來了一句：「不過，你們這樣下去，我看成不了龍，只能成條蟲了，且是條毛毛蟲。」班上又是一陣哄堂大笑。

老師輕描淡寫的套用了「成龍」與「成蟲」的句式，既達到了教育學生的目的，也活躍了課堂氣氛，可謂一箭雙雕。

隨機套用就是在儲備的基礎上，靈活的創造一個話頭，使兩者天衣無縫的結合。這需要我們提高自己套用這些範例的能力和自由轉換範例的能力。

中國古人很早就懂得以套用故事來說明自己的觀點。

惠子做了梁惠王的宰相，莊子想去看看他。

有人得到消息後，趕緊跑到惠子那裡咬耳朵：「莊子表面上來看你，實際上是想奪你的位子。」

隨機套用—成不了龍，只能成條毛毛蟲

莊子到了惠子府上，看出惠子有所猜疑，便不動聲色，向惠子講了個故事：「南方有一種鳥，牠的名字叫鳶雛。從南海起飛飛到北海去，不是梧桐樹不棲息，不是竹子的果實不吃，不是甜美甘甜的泉水不喝。在這時，一隻貓頭鷹拾到一隻腐臭的老鼠，鳶雛從地面前飛過，貓頭鷹仰頭看著，怕鳶雛搶去牠的老鼠，便『嘎』的大叫一聲。」

莊子講到這，笑著問惠子：「那麼現在你也想『嘎』我一聲嗎？」

莊子不僅善於靈活套用，而且能夠大加發揮，其幽默效果是顯而易見的。

張大千是中國著名的畫家。一天，他與友人共飲，座中講的笑話，都是嘲弄長鬍子的。

留著長鬍子的張大千默默不語，等大家講完，他清了清嗓門，態度安詳的也說了一個關於鬍子的趣事：

三國時候，關羽的兒子關興和張飛的兒子張苞隨劉備率師討伐吳國。他們兩個為父報仇心切，都想爭當先鋒，這卻使劉備左右為難。沒辦法，他只好出題說：「你們比一比，各自說出自己父親生前的功績，誰父功大誰就當先鋒。」

張苞一聽，不假思索順口說道：「我父親當年三戰呂布，喝斷壩橋，夜戰馬超，鞭打督郵，義釋嚴顏。」

輪到關興，他心裡一急，加上口吃，半天才說了一句：「我父五縷長鬍……」就再說不下去。

這時，關公顯聖，立在雲端上，聽了兒子這句話，氣得鳳眼圓睜，大聲罵道：「老子生前過五關斬六將之事你不講，卻在老子的鬍子上做文章！」

在座無不大笑。

在這裡，張大千巧妙的套用了關於鬍子的幽默故事，不僅使自己擺脫了眾矢之的的困境，而且也反擊了友人善意的嘲弄。隨機套用的妙處自然顯現。

　　需要注意的是，掌握一些現成的幽默語言、軼事、故事之後，不但要做到不為所制，而且要靈活自由的套用它，來說明自己的觀點，解決自己面臨的困境。這時，要有一種隨意發揮的氣魄，切忌拘謹。

延伸閱讀

　　小王正看著電視，津津有味。忽然老婆在廚房裡喊：「老公，可不可以幫我修電燈？」

　　小王不耐煩的說：「我又不是水電工！」

　　沒多久老婆又喊：「老公，可不可以幫我修冰箱？」

　　小王還是不耐煩：「我又不是電器維修工！」

　　過了一會老婆又喊：「老公，可不可以幫我修酒櫃的門？」

　　小王煩死了，生氣的說：「我又不是木工！」

　　然後小王就跑到外面喝酒去了。過了一小時，小王覺得心有愧疚，決定回家把那些東西修一修，但是回家後，發現東西全修好了，便問老婆：「東西為什麼都修好了？」

　　老婆說：「你離家後，我就傷心的坐在門外，碰巧有一個年輕帥哥經過，知道這件事後，說：『我可以替妳修，妳可以選做蛋糕給我吃或跟我親熱一次！』」

　　小王問：「那妳做什麼蛋糕給他吃？」

　　老婆回答：「我又不是做蛋糕的師傅！」

超級類比 ——
五品天青服，六味地黃丸

所謂類比就是由兩個物品的某些相同或相似的性質，推斷它們在其他性質上也有可能相同或相似的一種推理形式。類比是一種主觀的、不充分的似真推理，因此，要確認其猜想的正確性，還須經過嚴格的邏輯論證。

在家裡，女人會把最能幹的丈夫罵得像冒牌產品；在外面，女人會把最窩囊的丈夫誇得像名牌產品。這和住宅的命運一樣，買前名牌產品被顧客挑剔得像冒牌產品，買後冒牌產品被顧客炫耀得像名牌產品。

在與人交流中，如果能運用這種方法，則不僅能讓對方折服，還能產生幽默的效果。

王大嬸的女兒戀愛已到了談婚論嫁的階段了。準女婿卻仍沒獲得未來岳母的歡心。王大嬸態度鮮明的反對這樁婚事，認為「門不當，戶不對」。不料，女兒一意孤行，定於國慶日結婚，為了嫁妝的事，女兒找王大嬸「商量」。王大嬸立刻抓住機會，訓斥女兒的婚事不和自己「商量」，要嫁妝倒知道來和老媽「商量」了，於是堅決一分不給。

女兒也是倔強的人，當場和王大嬸大吵起來，惹得鄰居上門勸架。

俗話說：清官難斷家務事。王大嬸母女這事要勸解還真是理不清頭緒。勸不好，母女倆都得罪都有可能。如何勸解？還得用幽默。

鄰居老張心生一計，對王大嬸說：「妳不能怪她沒和妳商量呀！」

「為什麼？」王大嬸鐵青著臉說。

「妳當年成親的時候，不是也沒和女兒商量嗎？」

王大嬸一時語塞，女兒卻高興起來，老張又轉身對女孩說：「妳媽不給妳嫁妝，也是有道理的，妳媽出嫁時，妳給她嫁妝了嗎？人要彼此一樣才好！」

　　老張的幾句歪理一呼攏，母女倆居然都笑了。一場爭吵算是暫時停了下來。

　　老張在調解過程中運用的就是「類比」法，此法運用的關鍵是要故意將一些不倫不類的事物並列在一起，透過貌似合理的類比來彰顯其中的「道理」，從而產生一種滑稽之感。

　　類比幽默，可以是不倫不類，但「比」卻要「比」得天經地義。類比幽默的幽默感是「比」出來的，其情趣也是「比」出來的。我們再看下面的例子：

　　一位彈琵琶的，一天向一位年輕的婦女彈奏曲子。那婦女聽著聽著，不覺掉下了眼淚。

　　彈琵琶的問：「我的琴聲感動了妳吧？」

　　婦女抽泣著回答道：「你的琴聲使我想起了剛死不久的丈夫。」

　　彈琵琶的又問：「你丈夫也是玩音樂的？」

　　婦女搖搖頭說：「不，他是個彈棉花的，你的琴聲使我回想起他彈棉花的聲音。」

　　用類比的方法諷刺了蹩腳的琴手，具有強烈的幽默感。

　　有一天，申先生寫信給他的朋友熊先生。可由於一時疏忽，把「熊」字下面四點忘了，寫成「能先生」。熊先生一看又氣又惱，提起筆來寫了一封回信，故意把申先生誤寫成「由先生」，並在旁邊做了注釋：你消掉了我的四個蹄子，我也要割掉你的尾巴！

　　在辯駁別人的本體之時，故意使類比體與本體語義或感情色彩相反，

超級類比—五品天青服，六味地黃丸

或者風馬牛不相及，出常情常理，形成極大反差，也會生出某種滑稽味或幽默感來。

英國前首相麥克米倫（Harold Macmillan）極富辯才。一次在下議院關於救濟失業者的辯論中，針對某些人將責任推到各級地方政府去的論調，非常氣憤。

他反駁說：「財政大臣自願失去大刀闊斧的機會，他準備承擔照管失業人員95%義務，而面對餘下的5%他卻躊躇不決了。……那麼，他根據什麼樣的原則要求地方當局為其提供資金呢？這本來是一個表示自身慷慨大度的好機會，可惜卻被放過了，這位令人十分尊敬的先生好像一位膽小的情人，他在打算舉行結婚儀式時，卻對他的新娘說：『我把我的95%的財物都交給妳了，那剩餘的5%的財物得靠妳自己去找了。』」

在這裡，麥克米倫將「中央政府」這個本體以先生這個類比體來類比，又將對方在論辯中對「地方政府」的主張故意嫁接到與之相對應的「新娘」上去，於是便產生了「針尖對麥芒」似的詼諧而幽默的效果來。

把不倫不類的東西以對稱或並列的形式生硬的湊在一起，就會產生滑稽之感，這可說是一個規律。語言的對稱或並列在中國以對聯為最嚴整，因而對聯的內容稍有不相稱之處則立即產生滑稽的感覺。清梁章鉅的《楹聯從話》中記載一則故事：

一個開藥店的發了財，拿錢捐了一個「同知」（相當於縣長的官銜），又買了一個官員的別墅。每逢喜事宴會，動不動就穿起五品官服來。有人就寫了一副對聯來諷刺他：「五品天青服，六味地黃丸」。

「六味地黃丸」是一種很流行的中成藥名稱，把官品制服的顏色與中藥的名稱用嚴格的對仗組合在一起，形式的密合，和內容上的拒斥形成反差，幽默之趣油然而生。

　　成君憶在《水煮三國》中，列舉了 23 個女人和顧客的經典類比：

1. 漂亮的女人讓男人把持不住，漂亮的商品讓女人把持不住。於是，一部分男人製造商品，另一部分男人為商品買單。

2. 精明的男人當面讚美女人，精明的商家當面讚美顧客。而暗地裡，男人會咒罵女人，商家會咒罵顧客。

3. 商家對到手的顧客會覺得不在乎，顧客對到手的商品會覺得不值錢。

4. 其實，女人是很在乎男人的，顧客也是很在乎商家的。在乎你的關心，不在乎你的傷心。

5. 現代商業的特點是，商家負責做生意，顧客負責讓商家有生意可做。

6. 這是一個男人的「丈夫守則」：第一條，老婆永遠是對的；第二條，當老婆錯了時，請參照第一條。這是一家購物中心的「顧客服務守則」：第一條，顧客永遠是對的；第二條，當顧客錯了時，請參照第一條。

7. 女人在選擇男人中的男人，顧客在選擇名牌中的名牌。

8. 愛一個人可能需要很多理由，恨一個人卻只須一個理由。選擇一個品牌需要很多理由，放棄一個品牌只須一個理由。

9. 化妝的女人不是為了取悅男人，而是為了得到男人的討好。逛購物中心的顧客不是為了取悅商家，而是為了得到商家的討好。

10. 你可以和你愛的女人無話不談，除了談錢。你也可以和你的顧客彼此忠誠，除了利潤。

11. 女人欣賞男人的皮夾。在商家眼裡，男人就是女人的皮夾。

12. 已婚的男人臉上變化多端，購物中心的售後服務變化多端。

13. 男人向女人提供愛情誓言，商家向顧客提供品質保證。是真的還是假的。

14. 有些男人的目標總是下一個女人，所有商家的目標都是下一個顧客。

15. 不相信山盟海誓的女人必有一段不幸的愛情經歷，不相信商品品質的顧客必有一段不幸的購物經歷。

16. 低聲下氣的男人終於結婚了，他很高興，可她不會高興。降價的商品終於賣出去了，商家很高興，可顧客不會高興。

17. 在家裡，女人會把最能幹的丈夫罵得像冒牌產品；在外面，女人會把最窩囊的丈夫誇得像名牌產品。這和商品的命運一樣，名牌產品被顧客挑剔得像冒牌產品，冒牌產品被顧客炫耀得像名牌產品。

18. 男人的命運在女人手中，商品的命運在顧客手中。

19. 不要試圖讓顧客認錯，就像不要試圖讓女人認錯一樣。

20. 顧客之於商家，猶如女人之於男人，會在乎你的情話，也會在乎你的謊話。

自相矛盾 ──
我真的戒賭了？不信？賭三瓶二鍋頭！

「矛盾」這個詞本源於《韓非子》中那位賣矛和盾的生意人，表示事物之間的強烈衝突，有很強的喜劇色彩。

現實生活中，自相矛盾是人們幽默的重要手段，有著鮮明、強烈的幽默效果。我們知道，說話不應該出現自相矛盾，這是邏輯思維得以進行的起碼條件。正因為如此，有些邏輯上的自相矛盾，就可能產生出幽默的效果，而且有時幽默恰恰是在邏輯上不通的地方開始的。因為，這不通的邏輯引起了我們的震驚，推動我們去思考它產生的原因，而這原因往往十分有趣味而且有一定意義。

一個賭徒，嗜賭如命，為了從賭場上贏回輸掉的錢財，熬更守夜，孤注一擲，最後連褲子也輸掉了。這時候，他醒悟過來了，發誓戒賭。

他決定向越王勾踐學習，使用筆寫了「堅決戒賭」四個字貼在床頭。

一天，一位好朋友看到了床頭這條誡示後，嘲諷的問：「你真的戒賭了？」

「真的！」

「我不信。」

「不信？」賭徒瞪著一雙通紅的眼睛，大聲說，「咱們賭三瓶二鍋頭！」

剛說戒賭，馬上又為「戒賭」而下賭注。這個賭徒真是可悲可恨又可愛。

自相矛盾—我真的戒賭了？不信？賭三瓶二鍋頭！

生活中這樣的現象十分常見。表現幽默藝術的方式還有很多，如果你留心觀察，就會發現生活中很多人、很多事都洋溢著幽默的氣息。

這裡，用自相矛盾的方式展示了幽默的藝術，獲得了鮮明、強烈的效果，讓矛盾活了起來。矛盾若在不經意中產生，更為可笑逗人。在運用自相矛盾的幽默技巧時，一定要沉住氣，平穩自然，這樣會產生更佳的效果。

如相聲《買佛龕》：

甲：「大嬸，出門兒啦！哈……買灶王爺啦？」這不是好話嗎？

乙：是呀。

甲：老太太不願意了。

乙：怎麼？

甲：「年輕人說話沒規矩，這是神像，能說買嗎？這得說請。」

乙：啊！

甲：「哦，大嬸，我不懂，您這神像多少錢請的？」「咳，就這麼個玩意，八十！」

老太太心疼錢，無意中把她自己尊敬的神也罵上了。自己剛肯定，無意中又自己否定了，這是一種自我矛盾的幽默。

自相矛盾的例子，在中國古代笑話集《笑林廣記》中有這樣一則：

一天晚上，一個小偷摸到一窮人家裡。見家裡有一缸米，便把袍子脫下來鋪在地上。躺在床上的窮人看見了，便偷偷把袍子拿走了。小偷轉過身正準備把缸裡的米倒在袍子上，可是袍子卻不見了。

這時，窮人喊道：「有賊！」

小偷應聲答道：「真有個賊，剛才還有一條袍子在這裡，轉眼就被賊偷去了。」

賊行竊怕被發覺，自然是不能出聲的，居然自己開口出聲，也是自我矛盾的滑稽。

著名相聲大師侯寶林先生的相聲《賊說話》就是借助這笑話編成的。我們節選一段看看：

甲：哎！這做藝的，那年頭，一到冬天就沒飯吃。

乙：可不是嘛！

甲：冬天怎麼？冬天生意不好啊！場子沒人哪！

乙：是啊。

甲：我家裡也很窮呀，我們夫妻兩個就這兩身衣裳。

乙：噢。

甲：回家啊就是被臥，出門啊就是行頭。到冬天沒錢怎麼辦啊？把皮襖賣了，買個舊棉袍，剩點錢買了一斗米，弄一斗米好吃飯啊，就倒在缸裡頭了。晚上睡覺，我女人躺下就睡著了。

乙：睡了。

甲：我這裡還想轍呢。

乙：想什麼轍？

甲：淨有米不行啊，沒菜呀。

乙：說得是啊。

甲：那還得跟人借點錢弄點煤呀……

乙：全想起來了。

甲：把火生上來，這好把它弄熟了呀……也不怎麼的，賊知道了，上我那裡去了，「哐噹、哐噹」扒拉那金屬掛飾，那意思啊，問我啊：「睡了沒有？」我沒睡，我也不言語。

乙：哎，那你把他驚動走啊。

甲：怎麼驚動走？

乙：你一咳嗽他就走了。咳⋯⋯就走了。

甲：他走了？那走了等等他還來。

乙：幹嘛還來呀？

甲：賊他惦記著你哪！

乙：噢！非偷不可。

甲：唉！我不言語，你愛怎麼扒拉就怎麼扒拉吧！反正沒東西，你進來你瞧吧，什麼也沒有，被臥都在身上哪！你偷不著什麼，你走的時候我再叫你⋯⋯

乙：幹嘛呀？

甲：我叫你把門給我關好了再走。

乙：讓賊替你關門。

甲：哎。

乙：這主意倒好。

甲：我躺床上就瞧著他：一會把門撥開了，一點一點往裡走。

乙：進來啦。

甲：進來他就摸。

乙：嗯。

甲：摸。

乙：摸。

甲：摸到桌上有把茶壺。拿起來了，又擱下了。

乙：怎麼不要這個？

甲：沒握把啦。

乙：破茶壺。

甲：賣不出錢來了。他往桌底下摸──桌底下就是我那米呀，在缸裡擱著呢。

乙：是呀。

甲：我一想這壞了呀！他就摸這缸，往缸裡摸，摸著這米了。摸著米他拿不走啊！

乙：對，在缸裡擱著哪！

甲：那麼大的缸他怎麼扛得走啊！是吧？那賊站在那裡，看這意思是想辦法哪！

乙：怎麼拿？

甲：賊是有辦法。

乙：噢。

甲：他想了半天，他把他的棉襖脫下來，鋪到地上了。

乙：噢。

甲：我明白這意思呀！

乙：什麼意思？

甲：他是想把米啊倒在棉襖裡一包，不就帶走了嗎！

乙：噢！帶走。

甲：我想，這怎麼辦哪？他把棉襖鋪那裡，轉缸去了，我在床上一伸手啊──

乙：怎麼樣？

甲：就把他的棉襖提起來了，蓋在我身上了。我瞧著他，一會把缸轉出來了，把米就往地上倒，「嘩」倒那裡了，缸擱到旁邊。那意思包起來就要走了。

乙：噢。

自相矛盾—我真的戒賭了？不信？賭三瓶二鍋頭！

甲：就這麼摸——

乙：摸什麼呢？

甲：摸他的棉襖哪！摸了半天沒有啊，他站那裡直發愣。

乙：嗯。

甲：賊一納悶，他出聲了——

乙：出聲了？

甲：「嗯……」

乙：嗯。

甲：他這麼一嗯，我女人醒了。

乙：是啊。

甲：叫我：「寶林，快起來，快起來，有聲音，有賊了。」「唉，睡覺吧，沒賊。」我說沒賊，賊搭話了……

乙：搭什麼話？

甲：「不！沒賊我棉襖去哪裡了？」

有時，自相矛盾像是一種天真的錯誤，以真誠和不加掩飾為特點，而真誠的、不加掩飾的「錯誤」成為一種幽默的手法並加以利用時，就成為一種藝術了。

自相矛盾的幽默有很強的表演性，所以利用此法幽默的最佳方式是實況展示。因此，喜劇作家往往根據生活素材，創造矛盾人物。自相矛盾會使喜劇角色為掩飾自己千瘡百孔的紕漏而疲於奔命，又顧此失彼，笑料迭出。因而，類似的「矛盾」故事經常被搬上舞臺，且經久不衰。

延伸閱讀

一對新婚夫婦爭吵，妻子終於忍不住哭了出來。

妻子說：「我要跟你分手了。我要去整理東西，離開這裡去母親那裡。」

「很好，我親愛的，車費在這裡。」丈夫說。

她接過錢數起來，突然說：「我回來的路費怎麼辦？」

丈夫聽了，趕緊哄了幾句，一場干戈就這樣化為烏有。

曲徑通幽─洗淨了手指頭好夾菜吃

曲徑通幽 ──
洗淨了手指頭好夾菜吃

「曲徑通幽」是生活中人們處理問題常採用的態度和方法，是因為「幽」也許在這「曲徑」之中，「美」可能源於這迴轉之間。彎彎曲曲的小路通往風景優美的地方，這便是「曲徑通幽」。曲徑通幽的幽默，特別適用於那種主張自己的權利，卻又不願與對方過於明顯對立的交際場合。

清朝的石天成所編《笑得好》中，有一個很有借鑑價值的故事〈鋸酒杯〉：

有個人應請赴宴，主人斟酒時，每次只斟半杯。

那人便對主人說：「府上若有鋸子，請借我一用。」

主人問道：「借來何用？」

客人指著酒杯說：「這酒杯上半截既然盛不得酒，就該鋸去，留著有什麼用？」

客人的建議很明顯是不可能實現的，因而顯得很幽默。但在可笑之餘，主人一定也有所悟。這種透過側面給出意見要委婉得多，也易於被人接受，因為心理阻抗要小，人際間摩擦也小。

社交場合，有許多衝突，由於某些利害關係，一些需要提出的批評，自然也以暗示為上，最好是以荒誕不經的方式啟示他頓悟。

傳說漢武帝晚年經常夢想自己長生不老。

一天，他對東方朔說：「相書上說，一個人鼻子下面的『人中』越長，命就越長，『人中』長一寸，能活百歲。不知是真是假？」

東方朔聽到這席話以後，暗想皇帝又在做長生不老夢了，暗暗的笑了一下。

皇上很不高興，喝道：「豈有此理！竟然敢嘲笑我？」

東方朔一看皇帝動怒了，便脫下帽子，恭恭敬敬的回答：「我怎麼敢嘲笑皇上呢？我是在笑彭祖的臉太難看了。」

漢武帝問：「你為什麼笑彭祖呢？」

東方朔說：「據傳彭祖活了800歲，如果像皇上剛才說『人中』就有8寸長，那他的臉不是有丈把長了嗎？

漢武帝聽了，禁不住哈哈大笑。

東方朔的機智在於，不直接指出漢武帝的錯誤，而是透過譏笑彭祖，含蓄委婉的批評漢武帝，從而達到了曲徑通幽的效果。

人際互動中，由於各種原因，會出現這樣那樣想不到的卻令人十分尷尬的場面。這時，往往需要急中生智，隨機應變，運用莊諧並用的幽默藝術來緩和氣氛、擺脫窘境，使人際關係和諧友好。

下面的笑話，正是達到了這樣的效果。

一家人請客，所有的人都有了筷子，就是疏忽了一個人，忘記了給筷子。如果這個人說一聲，也就解決了，但是這樣沒有什麼趣味，不能創造一種熱鬧的氛圍。

這位客人在大家舉筷進食時，突然站起來向主人要清水一碗，主人問他要水何用，答曰：「洗淨了手指頭好夾菜吃。」

主賓相顧大笑，馬上為其置筷子一雙。

曲徑通幽的幽默方法，並非真的將隱衷直接的、現實的表達，而是透過片面的邏輯，做假定的、非實用的、不科學的表達。這種不傷和氣的主張權利方法在很多環境可應用，尤其值得一提的是在對方擁有某種「權

力」或處於「主動」地位時，產生此類幽默的效果很顯著。

有一對夫婦，丈夫做錯了一件事，妻子不但不諒解，反而更加嘮叨得令人生厭。於是，丈夫火氣十足的說：「請別這樣嘮嘮叨叨了好不好，不然，我要在桌上痛打十巴掌了。」

想到肉痛的不是自己，妻子更加火上澆油：「打啊，打啊，關我屁事。」

「但是，」丈夫說：「經過這十巴掌的鍛鍊，第十一巴掌打在肉上可就有些力氣了。」

妻子戛然而止。大概她領會了丈夫內心的火氣，不想讓臉作為丈夫練力氣的沙袋吧！

丈夫打了十巴掌，第十一巴掌要打在什麼地方，就是採用一種「幽」的方法，意思包含了如下意思：我心裡很火、很煩，需要理解和清靜。現在我得不到這些，反而遭受另一種折磨，我有點忍無可忍了。為此，你最好住口，否則就別怪我不客氣了。「力氣」一詞，則承擔了幽默的任務，這就是曲徑通幽。

▍延伸閱讀

張三是個極愛占小便宜的人，常常在別人家白吃白喝，吃完了上頓等下頓，住了兩天住三天。

一次，他在一個朋友家裡吃了三天後，問主人道：「今天弄什麼好吃的呀！」

主人想了想，說：「今天我們弄麻雀肉吃吧！」

「哪來那麼多麻雀肉呢？」

主人說：「先撒些稻穀在晒場上，趁麻雀來吃時，就用牛拉石磨一碾，不就得了嗎？」

這個愛占便宜的人連連搖手說：「這個辦法不行，不等石磨過來，麻雀早就飛跑了。」

　　主人一語雙關的說：「麻雀是占慣了便宜的，只要有了好吃的，怎麼碾（撞）也碾（撞）不走。」

反差對比 ——
地球進去，乒乓球出來

對比，是把具有明顯差異、矛盾和對立的雙方安排在一起，進行對照比較的表現手法。運用這種手法，有利於充分顯示事物的矛盾，突出被表現事物的本質特徵，加強藝術效果和感染力。在生活中，有時內容與形式、願望與結果等方面會產生強烈的不協調，於是形成了不和諧的對比。這種強烈的反差必然產生幽默情趣。

比如，下面這個關於進出股市的反差對比。

近期不要進入股市，否則：

BMW 進去，自行車出來；西裝進去，內衣出來；老闆進去，小職員出來；博士進去，痴呆傻出來；鱷魚進去，壁虎出來；蟒蛇進去，蚯蚓出來；老虎進去，小貓出來；牽進去，被牽出來；站著進去，躺著出來；總之，就是地球進去也是乒乓球出來。

股市江河日下，股民欲哭無淚，但也絕不忘記用幽默來調劑一下受傷的心。

在有著極大差異的事或人之間，如果也能用這種對比差異法去辯駁，故意的將一腔「同情」寄予對方，那麼，在其感情色彩的極大反差之中，常常會溢出某種怪異的味道，從而生出幽默與詼諧的效果來。

比如，下面這個例子：

醫生與水電工這兩種職業，兩者不僅只是腦力勞動與體力勞動的差

別，而且更有著社會地位、身分和經濟收入的極大差別。但是，偏偏有這樣一件事：

一個醫生家裡的下水道堵住了，於是打電話請來一個水電工。

不到一個小時，醫生家的水管疏通了。水電工將帳單遞過去，上面寫著：「修理費共計 20,000 元整。」

醫生大吃一驚，說：「你憑什麼一小時要收 20,000 元？我當醫生出診一次才收 10,000 元！」

水電工不慌不忙的說：「正因為這種差異，所以，我才從去年起就不做醫生了，而改行做起這一行來。」

水電工以自己較低的勞動而索取較高的報酬，所找到的一個辯駁的口實便是：我也曾經做過醫生這樣高尚的職業，而且身分也同樣高貴過；這樣的身分與收入的反差並不奇怪。於是乎，一番不成其為理由的理由，便輕而易舉的將對方置於無言以對的境地。幽默情趣油然而生。

反差對比也可以將行為和結果放在一起進行比較，這種方法製造出來的幽默往往出於規勸的目的，具有說服的力量。不過最能引起人們感受的還是同類事物不同的待遇。

名人用過東西叫「文物」；凡人用過東西叫「二手品」。

名人酗酒稱豪飲叫「酒仙」；凡人多喝叫貪杯稱「酒鬼」。

名人發牢騷叫「憂國憂民」；凡人關心國事叫「杞人憂天」。

名人的順口溜叫「詩作」；凡人的嘔心瀝血之作叫「打油詩」。

名人的婚外情叫「風流韻事」；凡人紅杏出牆叫「傷風敗俗」。

名人做事拖拉叫「從容不迫」；凡人舉止緩慢叫「笨手笨腳」。

名人沉迷娛樂叫「熱愛生活」；凡人沉迷娛樂叫「虛度光陰」。

☺ 反差對比—地球進去，乒乓球出來

名人守舊叫「發揚傳統」；凡人守舊叫「冥頑不化」。

名人蓬頭垢面謂「藝術氣質」；凡人不修邊幅叫「流裡流氣」。

名人強詞奪理叫「雄辯」；凡人據理力爭叫「詭辯」。

名人的無稽之談叫「名言」，凡人的謹慎之言叫「廢話」。

名人歲數大了叫「某老」；凡人歲數大了叫「老某」。

有時候，當我們受到言語攻擊時，使用反差對比的幽默來進行十分巧妙的應對和隱蔽的反擊，也能收到很好的效果。

下面是一則發生在主人和客人之間的小幽默。

主人問客人：「在您的咖啡裡放幾匙白糖？」

客人開玩笑的說：「在自己家裡時放一匙，在別人家裡作客時放四匙。」

主人忙說：「呵呵！請別客氣，您就像在自己家裡一樣好了。」

客人的幽默無失禮之處，而且還能活躍待客場合的嚴肅氣氛，因而，主人幽默的反擊借題發揮，順勢而為，雖也不落下風，卻也不帶有絲毫惡意。

這就是反差對比的幽默趣味，他不但能讓人發笑，還能善意、圓滑卻不失力度的規勸他人。

延伸閱讀

下面是一則男女婚前婚後的反差笑話。

婚前——

女：你原先有過女朋友？

男：十年生死兩茫茫，不思量，自難忘。

女：死了？怎麼死的？

男：山無陵，江水為竭，冬雷陣陣夏雨雪。

女：喔，是天災。那這些年你怎麼過來的？

男：滿面塵灰煙火色，兩手蒼蒼十指黑。

女；唉，不容易。那麼你看見我的第一感覺是什麼？

男：忽如一夜春風來，千樹萬樹梨花開。

女：（紅著臉）有那麼好？

男：糟粕所傳非粹美，丹青難寫是精神。

女：馬屁精 —— 你有理想嗎？

男：他年若遂凌雲志，敢笑黃巢不丈夫。

女：你……對愛情的看法呢？

男：只在此山中，雲深不知處。

女：那你喜歡讀書嗎？

男：軍書十二卷，卷卷有爺名！

女：這牛吹大了吧？你那麼大才華，怎麼還獨身？

男：小姑未嫁身如寄，蓮子心多苦自知。

女：（笑）假如，我是說假如，我答應嫁給你，你打算怎樣待我？

男：一片冰心在玉壺！

女：你保證不會對別的女人動心？

男：波瀾誓不起，妾心古井水。

女：暫且信你一回，不過，我正打算去美國念書，你能等我嗎？

男：此去經年，應是良辰美景虛設。

女：不過……

男：獨自憑欄，無限江山，別時容易見時難！

女：但是……

男：望夫處，江悠悠，化為石，不回頭！

女；好了好了，怕了你……

😊 反差對比—地球進去，乒乓球出來

婚後 ——

女：結婚那麼久，你還在想你原先的女朋友？

男：曾經滄海難為水，除卻巫山不是雲。

女：那為什麼當年還和我結婚？

男：夢裡不知身是客，一晌貪歡。

女：太過分了吧。我們好歹是夫妻。

男：夫妻本是同林鳥，大難臨頭各自飛。

女：那我們這段婚姻，你怎麼看？

男：醒來幾向楚巾看，夢覺尚心寒！

女：有那麼慘嗎？你不是說對我的第一印象……

男：美女如花滿春殿，身邊唯有鷓鴣飛。

女：不是這麼說的吧，難道，你竟然……

男：昔日齷齪不足誇，今朝放蕩思無涯。

女：一直以來朋友寫信告訴我我都不相信，沒想到竟是真的！

男：紙上得來終覺淺，絕知此事要躬行。

女：你原先的理想都到哪裡去了？

男：且把浮名，換了淺斟低唱。

女：（淚眼矇矓）你，你不是答應一片冰心的嗎？

男：不忍見此物，焚之已成灰。

女：你就不怕親朋恥笑，後世唾罵？

男：寧可抱香枝頭死，何曾吹落北風中。

女：我要不同意分手呢？

男：分手尚且為兄弟，何必非做骨肉親。

女：好，夠絕。

吹破牛皮 ──
冷得連蠟燭的火都凝固了

　　人們稱說大話叫吹牛皮。以前，陝甘寧和內蒙古一帶的人過河，靠的是皮筏子，皮筏子有羊皮的，也有牛皮的，用的時候，往裡面吹氣，紮好口後，作為渡河的工具，把小筏子連在一起，可以成為大筏子，大筏子連在一起，可以承載數千斤的重物過河。

　　發展到現在，吹牛成了一種說大話的俗稱。但是，吹牛也要有點本事，想吹得好還得講點藝術。能吹出幽默來更是一種絕活。

　　三個外國人一邊喝酒一邊吹牛。

　　美國人說：「我們國家的火車最快，開起來後，路兩旁的電線桿看上去就像籬笆一樣。」

　　法國人說：「我們國家的火車才叫快，開起來後要趕緊向鐵軌上潑水，否則鐵軌就會融化。」

　　英國人站了起來：「那算什麼，有一次我在英國國內旅行，老婆送我上車，我從車裡探出頭去吻站在月臺上的老婆，這時火車開動了，我卻吻到了 60 英里外的一位老農婦。」

　　荒謬的誇張幾乎總能引起人們發笑，因為誇張本身包含了不協調，從而產生強烈的幽默效果。

　　一位喜歡吹牛的人對阿凡提說：「阿凡提，我養了一群雞，你知道我那群雞有多厲害嗎？我說了你也許不相信。有一天夜裡，我那群雞飛到房頂，把天上的星星一顆顆的叼下來。後來，牠們可能覺得不過癮，又齊心

吹破牛皮—冷得連蠟燭的火都凝固了

合力把天上的月亮給啄下來，滿街追來追去啄著玩。你說我養的這群雞厲害不厲害！」

阿凡提聽後，笑了笑說道：「你這個還稀奇嗎？我養了幾隻山羊，你知道我那幾隻山羊有多厲害嗎？有一天，我養的那幾隻山羊把我們家門前的一座湖，用一根長繩吊到天上去了。後來，我站在地面望著吊起來的湖，看見湖裡的魚嚇得一個個往地上跳，跳到地上全摔死了。」這個人聽了無言可對。

吹牛皮的幽默之處，就在於將牛皮吹破。吹得越破越能產生幽默效果。

「我們去過的地方冷極了，」一位曾到北極探險的人吹噓說，「冷得連蠟燭的火都凝固了，我們怎麼吹都吹不滅。」

「這算不了什麼。」他的競爭者說，「我們去過的地方更冷，話從嘴裡一出來，就變成了冰塊，我們必須把它們放到油鍋裡炸一下才知道剛才說了些什麼。」

吹牛是一種藝術，需要掌握一些技巧。我們可以從以下幾方面進行「訓練」——

第一是血緣之吹。上下五千年，祖宗十八代，即使是轉了九個彎以外的親戚也可以作為吹的本錢。家族再衰落，也可在古代找出一個了不起的人物。只要是同姓，500年前是一家，哪怕根本沒有族譜牽連，也可以造出一條清晰的「血脈」。

第二是同鄉之吹。在同鄉裡找名人，千古流芳的找不到，遺臭萬年的也能湊合，方圓十幾里內找不到，就擴大到幾百里甚至上千里，當代的找不到，就到歷史裡去找，總是能找到名人的。

第三是師朋之吹。吹捧自己的老師多麼有名氣，以顯出自己也不凡；吹捧朋友多麼傑出，以抬高了自己的身價。即使只有一面之交，聽過一次

課，說過幾句話，合過一次照，都可以拿出來吹。

第四是名片之吹。小小一張紙片，把平生得過的所有頭銜或榮譽都寫上。不論是真實的還是虛假的，只要能夠沾得上邊，就不怕人家笑掉大牙。

學會了這四種方法，不敢說屢吹屢勝，至少吹起來能夠遊刃有餘。

延伸閱讀

從前，趙國有個道士特別喜歡吹牛。

艾子問他：「你幾歲了？」

他便笑道：「連我自己也忘記了！只記得我小時候親眼見過伏羲畫八卦。他是人頭蛇身，嚇得我生了場大病，後來吃了他的草藥才好的。女媧補天時，我正住在地中央，總算沒受影響。神農種植五穀時，我早已不吃煙火食了。倉頡起初不識字，請教了我才會造字。堯在滿月時，我吃過他家的湯餅。舜小時候被父親打得號啕大哭，我為他揩過鼻涕眼淚。禹經過我家，我慰勞他喝酒，他說治水要緊，匆忙走了。紂王硬要請我到他酒池裡去吃酒，我不肯，就把我放在火上烤了七天七夜，我說笑自如，毫不在乎，他只得把我放了。姜太公那小子釣了鮮魚，總要送我幾尾，我就拿來餵黃鶴。西王母娘娘設宴，總請我坐上席，她的桑落酒真好，醉得我現在還是昏昏沉沉的。所以，我不知自己現在究竟有多少歲了。」

過了幾天，趙王跌傷了腰，醫生說要吃千年的血粉才能復原。

艾子便說：「有個道士已有幾千歲了，可以用他的血來治大王的病。」

趙王大喜，令人捉住道士，準備殺他取血。

道士慌忙叩頭求饒道：「昨天是我父親50歲生日，我喝醉了，就糊裡糊塗說了許多大話。大王千萬不可相信艾子的話。」於是趙王把道士罵了一頓，驅逐了出去。

一語雙關 ──
碰了幾次壁，把鼻子碰扁了

一語雙關是一種特殊的修辭表現方式，指話語中含有兩種意思。一般是利用文字同音異義或典故上的奧妙，看似言此實際上是言彼，以一句妙語關涉到兩件事情，意味深遠雋永，在耐人尋味的同時，獲得良好的表達效果。很多時候，運用一語雙關的表達方式，達到言在此而意在彼的效果，從而產生幽默。

大學士蘇軾就喜歡運用「一語雙關」的表達方式，來娛樂眾人。

張耒是蘇門四學士之一。有一天，他問蘇軾：「您的詩裡有一句『獨看紅葉傾白墮』，不知道『白墮』是什麼意思？」

蘇軾回答說：「有個叫劉白墮的人，善於釀酒，人們飲了他的酒，幾個月都不會醒來。我在詩中用了他的名字，這個典故出於《洛陽伽藍記》。」

張耒說：「哦，看來不過是個釀酒的工匠罷了，又有什麼值得仰慕的呢？用在詩句裡好像不太合適。」

蘇軾說：「曹操的名詩〈短歌行〉，就有『何以解憂，唯有杜康』。杜康也是一個善於釀酒的人，用在詩句中是有先例的。」

張耒還是不依不饒，說：「我覺得這樣的典故用得不對。」

蘇軾笑著說：「你應該先去追究那曹家漢子的責任，然後再來糾纏才是。」

在座的人，聽了這句話，哄堂大笑起來。

原來，張耒的家裡有個姓曹的僕人，被疑偷竊了祭祀用的貴重金銀酒器，被送到衙門裡審理處置，但是這個姓曹的僕人拒不承認自己有偷竊行為，張耒為此事很傷腦筋。

蘇軾的這句話表面上是說，如果你覺得用典不對，那也是曹操犯錯在先，你應該先去找他理論。而弦外之音則是在譏誚張耒，你還是先處理好了自己的事情，再來發表高見。其實也是在諷刺張耒食而不化，頑固不知變通，學了知識也不能充分應用，沒有創造性。

「一語雙關」分為「借義雙關」和「諧音雙關」。

其中，「借義雙關」是利用詞語的多義性，借用詞語的表面意義來表現更深一層的意思。

有一回，魯迅的姪子問他：「伯父，你的鼻子怎麼又扁又平？」

魯迅回答說：「碰了幾次壁，把鼻子碰扁了？」

「碰壁？」

「四周黑洞洞的，還不容易碰壁嗎？」

在此，魯迅巧借詞語的多義性，一語雙關，抨擊社會，譏諷時勢。

「諧音雙關」則是利用音同、音近的詞語來製造的「雙關」。

相傳，李鴻章有個遠房親戚，不學無術、胸無點墨，卻想考過科舉，平步青雲。這年他來參加考試，試卷到手後，就頭冒冷汗，連「破題」也不知從何處入手，做了半天的文章也不知自己寫下了什麼。後來他想：「我是中堂大人的親戚，將這層關係拉上，主考官敢不錄取？於是他寫道：「我是中堂大人李鴻章的親妻。」他把「戚」錯寫成了「妻」。

那主考官為人正直，看了那狗屁不通的試卷正要扔掉，又見上面有一行字，看後，他就在下面批道：「因你是李中堂大人的親妻，所以我不敢娶。」

此主考官順著混蛋考生的錯誤，巧妙的運用雙關法幽了對方一默。這

裡的「娶」，即是「錄取」之「取」，又是衝「親妻」而「嫁娶」之「娶」去的。

「一語雙關」的實際操作中，最為重要的是對雙關詞的選擇。要做到恰當的選擇雙關語，實際上並不難，只要平時多多啟動自己的幽默思維，多多注意累積就行了。

延伸閱讀

福特（Gerald Rudolph Ford, Jr.）是美國第 38 任總統，他說話喜歡用雙關語。

有一次，他回答記者提問時說：「我是一輛福特，不是林肯。」

眾所周知，林肯既是美國很偉大的總統，又是一種最高級的名牌汽車；福特則是當時普通、廉價而大眾化的汽車。福特說這句話，一是表示謙虛，一是為了標榜自己是大眾喜歡的總統。

極度荒謬 ——
魚若真在鍋裡，我們都要鮮死了

　　小明一次去學生餐廳買包子，誰知刷卡機出了點毛病，一下刷多了，賣包子的哥哥弄了半天也減不回去，於是可憐兮兮的說：「沒事，我記得你，以後常來，直到把多扣的錢用完。」

　　小明只好同意了。可憐小明上頓包子下頓包子的吃了一學期，包子哥哥還欠他 1,000 塊……最可氣的是大學四年小明竟然沒找到一個女朋友！

　　直到畢業，有一天，小明走在校園林蔭路上，就聽後面一群女生指指點點小聲道：「沒錯，就是他！以後可別找這樣的男朋友，天天去學生餐廳吃包子不給錢！」

　　因為店員打錯卡，小明要成天吃包子，吃包子固然可憐，然而更可憐的是，因為包子，竟然大學四年都沒有找到女朋友，究其原因竟然是「天天去吃包子不給錢」，令人忍俊不禁。

　　讓荒謬的前因和後果之間的邏輯關係一步又一步，一個環節又一個環節的被歪曲，逐漸達到幽默的級別。這種極度荒謬的幽默效果，可謂石破天驚。

　　《笑林廣記》中有一則〈瞎子吃魚〉的故事：

　　一群瞎子搭伙吃魚，魚少人多，只好用大鍋熬湯。魚都蹦到鍋外面去了，瞎子們不知道。他們都沒吃過魚，不知魚的滋味；大家圍在鍋前，喝著清水湯，齊聲稱讚：「好鮮的湯！好鮮的湯！」

　　魚在地上蹦到一個瞎子的腳上，這個瞎子才大叫起來：「魚不在鍋

☺ 極度荒謬—魚若真在鍋裡，我們都要鮮死了

裡！」眾瞎子感嘆起來：「阿彌陀佛，虧得魚在鍋外，若是真在鍋裡，我們都要鮮死了。」

明明是清水湯，沒有魚，瞎子卻在稱讚「好鮮的湯」，這是這個故事荒謬的前提。這自然是一種誇張的幻覺，但也不能完全胡吹，也得有點根據，於是把吃魚的人設計成瞎子，讓他看不見，又特別說明他們從未吃過魚。如果沒有這兩點，這個前提就不能成立了。前提不能成立，以上故事的邏輯基礎就垮了。

這個基礎的真正荒謬之處是一種錯覺，一種主觀的著迷，而並不是自我欺騙，因為這是真誠的。正因為這樣，它著迷得很有趣。但是當有這麼一點著迷，效果還很有限，還不夠勁，還得讓效果放大一下，讓瞎子的邏輯荒謬更強烈一些才成，於是便有下面的高潮：原來不知無魚，覺得鮮，還情有可原，現在明明知道沒有魚，鮮的感覺不但沒有消失，反而引出了沒有被鮮死的慶幸。

這種幽默的生命，不但在於人物在一點上著迷，而且在於不管怎樣走向極端，著迷點不但不會消失，而且會增強。一點著迷和導致極端，是構成這類幽默的兩個關鍵。

如果說〈瞎子吃魚〉是以胡吹為構造，那麼馮夢龍所作《雅謔》中的那個真痴真呆的「迂公」形象，則以一點著迷至極端而不悟為特點。

迂公家中收藏著幾張宋朝的紙，恰逢有一個有名的書畫家從外省來，有人就建議迂公請這個有名的書畫家在迂公名貴的紙上留下筆墨。迂公說：「你想糟蹋我的紙嗎？我收藏宋朝的紙，當然要等宋朝人來畫。」

身為明朝人而等待著明朝以前幾百年的宋朝人來畫，實際是把未來當成了過去。這個迂公太著迷於宋朝的紙了。

有人告訴迂公說：「馬肝很毒，能毒死人。」

迂公不相信，笑起來說：「胡說八道，肝在馬肚子裡，馬為什麼不死？」

這個人和他開玩笑：「馬活不到一百年，原因就在肝。」

迂公恍然大悟。正好他家中養著一匹馬，就剖開馬肚取肝，馬當場死了。迂公把刀扔在地上嘆息說：「一點也沒錯，馬肝非常毒，把肝拿掉，馬還活不成，何況是留在肚子裡！」

這類故事是迂公故事中幽默感最強的，原因是既有一個著迷點，又有一個極化點，極化點把著迷點的荒謬性大幅度的加強了。開頭問馬肝在馬肚裡，馬為什麼不死？這樣的問題已經很荒唐了，最後又殺馬取肝，居然得出「拿掉還活不成，何況留在肚中」的結論。這裡是反向求因造成的怪誕，不過這裡的原因不是一般的反向，而是反向的極端。

延伸閱讀

《他的國》裡有一系列荒誕有趣，疑真疑假的其人其事，就是他選擇用黑色幽默的方式把真實的東西誇張成荒謬，把荒謬的東西曲解成真實，從而達到了幽默的效果。

謬上加謬 ——
回家通知夫人，今夜雨大，不回家了

謬上加繆與極度荒謬的區別在於，前者是將荒謬層層演進的幽默方法，它要求不但有幽默感，還要使幽默感不斷增強。這就要求把微妙的荒謬擴大為顯著的荒謬，把潛在的荒謬提高為擺在面前的荒謬。

一位乞丐常常得到一位好心年輕人的施捨。一天，乞丐對這個年輕人說：「先生，我向你請教一個問題。兩年前，你每次都給我十塊錢，去年減為五塊，現在只給我一塊，這是為什麼？」

年輕人回答：「兩年前我是一個單身漢，去年我結了婚，今年又添了小孩，為了家用，我只好節省自己的開銷。」

乞丐嚴肅的說：「你怎麼可以拿我的錢去養活你家的人呢？」

分明是年輕人給他錢用，乞丐卻主賓不分，認為青年在用自己的錢。他的責怪過於離譜與荒謬，令聽者在吃驚之餘，啞然失笑。

古代有個笑話，也顯示出了這種謬上加謬的效果。

一個人非常吝嗇，從來不請客。有一次別人問他僕人，他什麼時候能請客，僕人說：「要我家主人請客，除非等到來世。」主人在後面聽到了，罵出聲來：「誰要你許他日子。」

本來說「來世請客」已經由於來世的不存在而不可能了，也可以說徹底否定了，說的人和聽的人都很清楚，沒有任何疑問。從傳達想法來說這種極端已經足夠了，但是從構成幽默的效果來說還不夠，因為它太平淡了，不夠極端，幽默感所要求的荒謬必須得有點絕才成。

這裡的主人絕就絕在明明來世請客是永遠不請客的意思，否定的意思，他卻認為還不夠。

因為從形式上來說來世請客，句子是肯定的，還沒有到從內容到形式都是絕對否定的程度。在他看來哪怕是否定請客的可能性，只要在字面上有肯定的樣子也都是不可容忍的。正是這種絕對的荒謬產生了幽默感。

在古代羅馬也有一個類似的故事：

有一個人想要安安靜靜的工作，就吩咐僕人，如果有人來訪就說他不在家。這時有一個朋友來了，遠遠看到他在家，雖然他不相信僕人所說的話，但仍然回去了。

第二天，這個拒絕見客的人反過來去拜訪他的朋友，他的朋友出來對他說：「我不在家，我不在家！」

這已經夠荒謬了，明明自己出來了，卻說不在家，但是還不夠絕，因為這種荒謬還帶著賭氣的意思，純賭氣則不屬於幽默之列，它與輕鬆的幽默無緣（除非是故意假賭氣）。

客人表示大惑不解。他的朋友接著說：「你也太過分了，昨天我都相信了你僕人的話，而今天，你居然連我說的話也不相信。」

這話才叫絕了。絕就絕在一句話中包含著多個層次的荒謬。第一個層次，明明在，卻說不在；第二層次，你昨日明明在，卻讓僕人說不在，這成了我今日說不在的前提；第三個層次，我明明知道你僕人說謊卻相信了，我比你的僕人地位更高，因此你該相信我的話。

我們再看一個例子：

有個讀書人，家裡很窮，卻很愛面子。

有個晚上，小偷去他家偷盜。他家裡空空如也，什麼也沒有。小偷罵道：「又碰到了窮鬼！」罵完就走了。

謬上加謬—回家通知夫人，今夜雨大，不回家了

　　這讀書人聽見了，就從床頭摸出僅有的幾文錢，追上小偷，對他說：「對不起，你來得真不巧，這幾文錢請拿去。在別人面前說話時，請千萬別亂說。」

　　小偷偷不到東西不說，還罵人，本來已夠荒謬的了。但是，還沒有達到極致，於是故事情節上升到另一個層次，更加荒謬的境地。讀書人不僅拿出自己僅存的幾文錢送給小偷，還一個勁的道歉不止。到此，才使荒謬昇華了。

　　像這樣的故事，在生活中也時有發生。我們看下面的兩個例子：

　　有一位學究，正在朋友家拜訪。天突然下起大雨，友人便說：「天又落雨，我們也談得投機，你乾脆在我這裡過夜算了。」

　　「好的好的，多謝挽留。」他答應著，但一轉眼卻不見了。

　　友人以為他上廁所，也不在意。

　　一個小時之後，他冒雨進來，淋成落湯雞。

　　友人忙問他是怎麼回事？

　　他說：「我特地回家通知夫人，因今夜雨大，我不回家了。」

　　說好不回家了，卻不見了人影，本來就出乎意料，但是，更讓人驚奇的是，他跑回家竟然是告訴自己的夫人「因今夜雨大，我不回家了」，荒謬到了極點。

　　父親留客人吃飯，叫兒子進城買肉。兒子買了肉，正好走出城門，迎面遇到一個進城的人。一人要出，一人要進，兩個各不相讓，就在門口相持起來。

　　父親等了好久，不見兒子回來，就進城去找。一見兩人對峙在那裡，就上去對兒子說：「你把肉拿回去做菜，讓我來跟他對著站。」

　　兩人為了進出城門，各不相讓，本來就是一件讓人發笑的事情。但

是，更搞笑的卻在後面，父親趕來找兒子，不僅沒有緩解衝突，卻親自加入到衝突中，從而使幽默達到了荒謬絕倫的地步。

強化幽默效果的方法除了把荒謬推到極端外，還可以將多種荒謬集中在一個焦點上，成為複合的荒謬，我們把它叫做謬上加謬或謬上疊謬。

謬上加謬的特點是不管何種可能性，只管一條路往荒謬的結果上推演，於荒謬絕倫時才會有強烈的幽默感。

延伸閱讀

一個酋長非常愛聽笑話，一天，他大宴賓客。讓各位族人講自己喜愛的笑話。有一位外地客人講了一個有趣的故事。

客人說，他在城裡遇到一位自命不凡的人，他便對他說：「請你猜猜我口袋裡到底放了些什麼。要是你猜到了，我就把口袋裡的雞蛋的一半送給你；要是你能猜出雞蛋的個數，我就把這十個雞蛋全給你。」

那個人想了半天，說：「朋友，我雖說很聰明，但不可能事事皆知。我猜不出。」

客人便提醒他說：「你再猜猜，這個東西外面是白的，裡面是黃的。」

「猜到了！」那人大聲說，「那一定是一堆白蘿蔔，中間藏了一個馬鈴薯。」

聽到這裡，客人們都笑了，那個酋長更是大笑不止。笑完後，那位酋長問客人：「朋友，現在請你告訴我們，你在口袋裡到底放了些什麼？」

將謬就謬 ──
為了讓自己的來生再變成人,最好是生前多做好事

對方提出一個荒謬的論題,不要立刻糾正,而是模仿他的推理方法,用對方的荒謬前提引導出一個連對方自己也不能接受的荒唐的結論。那麼對方那個謬論也就不攻自破了,這種方法就屬於幽默的將謬就謬法。

在人際互動中,互相幽默的攻擊有兩種,一種是純粹戲謔性的,主要為了顯示親切的情感引起對方的共鳴,或者為了展示智慧,引發對方欣賞。另一種是互相鬥智性的,好像進行幽默外的比賽,互相爭上風,這時的調笑性攻擊更重要。當然有時攻擊性是很凶猛的,但表現形式是很輕鬆的。不管有無攻擊性,都以戲謔意味升級為主,將謬就謬乃是戲謔升級的常用方法。即知道對方錯了,不但不予以否定,反而予以肯定。肯定的結果是更徹底的否定。

有一位假道學家的僧人,整天到處宣揚不可殺生論,要求人們凡事忍耐,慈悲為懷,理由是今生殺一牛或一豬,來世就會變成牛或豬。

一位旁觀者對他說:「你說得真是千真萬確,的確如此,所以我們為了讓自己的來生再變成人,最好是生前多做好事」。

僧人聽後啞口無言,狼狽而去。

旁觀者對僧人的錯誤結論並沒有從正面辯駁,而是避開鋒芒,沿著錯誤的前提推出了「為了讓自己來生再變成人,最好是生前殺死一個人」的荒謬推論,從而迫使對方離開。

一位小姐與一位先生正在聊天。小姐認為世界上最銳利的是這位先生的鬍子，這位先生不解。小姐說：「你的臉皮這麼厚，但你的鬍子居然還能破皮而出。」

這顯而易見是戲謔性的。由此可見，這位小姐的口齒之伶俐。在戲謔性的互相攻擊中，戲謔要遞增，但方向要恰恰相反。正如古書上所說的以子之矛攻子之盾。

我們看這位先生是如何應對的。

他反問：「小姐，妳知道嗎？妳為什麼不長鬍子？」小姐自然不知道。「因為妳臉皮更厚的緣故，連世上最尖銳、鋒利的鬍子也無法破皮。」

並不另行構思，而是從小姐攻擊的邏輯上延伸出來，使同樣的前提獲得了相反的結論，指向不同的目標。

這種以謬攻謬的幽默特點是後發制人。關鍵不在於揭露對方的錯誤，而是在荒謬升級中共用幽默之趣。而要達到這個目標，得有模仿對手推理錯誤的水準。

延伸閱讀

一個老師，坐在那裡睏了，就睡著了。等他醒來，有一個很調皮的學生就問他：「老師，剛才做什麼了？」

老師就說：「我去會見周公了。」學生沒法說他是假的。

過了一會，那調皮的學生也伏在桌上呼呼大睡，老師很火大，把他叫醒，問他幹嘛白天睡覺。學生說：「我也看周公去了。」

老師就問：「那麼周公和你說了些什麼？」

學生說：「他說，他剛才沒有見到你。」

顛倒次序—把籽吃了，把西瓜留下

> # 顛倒次序 ──
> 把籽吃了，把西瓜留下

顛倒順序是挑戰慣性思維的一種創意手法，亦即反向思維的一種直接運用。把顛倒順序的方法用在廣告裡，就會獲得超乎想像的衝擊力。同理，把這種思維用在實際生活中，卻能產生很雅致的「笑果」。

（一）

一個小學生第一次參加學校的朗誦比賽，心裡特別緊張，老師鼓勵了老半天，手心還是冒汗。終於輪到她了。

小學生一咬牙，幾步走到了臺中央：「老師們，同學們，我朗誦的題目是：紅葉瘋（楓）了……」

（二）

還是一個小學生，看到被老師點到唸作文的同學，特別羨慕，總盼著老師也能讓自己唸一回。機會終於來了。

「某某，把你的作文唸給大家聽一下！」

小學生「碰」的一下站起來：「〈我的老師〉。老師，我多像你的媽媽……」

（三）

歌舞團的主持人，在一次演出中沒有準備好就匆匆登臺了。

演出依次進行。輪到她登場了：「觀眾朋友們，下面請聽犢（獨）子笛奏……」

觀眾笑倒一片。

（四）

有個我叫「大姑」的鄰居，每天騎自行車上班。

一早，在門口碰到她，我微笑著客氣了一句：「上姑啊，大班……」

（五）

夏天天熱，朋友一起吃西瓜。來了一個人問道：「我可以吃嗎？」答曰：「你可以把籽吃了，把西瓜留下。」

像這種「笑果」，在生活中隨時可以遇到。當然，許多是由於人們口誤導致的，不經意中為人們帶來了歡樂。

除了顛倒詞語的順序外，顛倒人物之間的因果關係也能產生幽默。

（一）

老師拿出作業本對小王說：「小王，我要把你的作業給你的爸爸看，讓他看一看你的作業究竟有多糟，讓他給你一個沉重的教訓，讓你知道什麼是難為情。」

小王得意的說：「我才不會難為情呢，我爸看了以後自己才會難為情呢。」

老師很奇怪，問道：「怎麼回事？」

小王說：「那是我爸寫的！」

又過了幾週。

老師發下作業本對小王說：「小王，這次你的作業全對了。是怎麼回事？」

小王很氣的回答：「我爸昨晚打麻將，整夜都沒回來，我只好自己寫。」

期末考試的時候，老師對大家說：「這次期末考試 open book，也就是說，大家可以帶課本，帶筆記本、參考書，像平時做家庭作業一樣。」

小王聽了以後大叫一聲：「太好啦！我可以把我老爸帶來了！」

顛倒次序─把籽吃了，把西瓜留下

（二）

列車員看到一位老太太的火車票說：「阿姨，這是從 A 城到 B 城的票，可我們這趟車是到 C 城去的。」

老太太一臉嚴肅的看著列車員，問道：「怎麼，難道就連火車司機也沒發現他開的方向不對嗎？」

有時候，主次顛倒也會產生幽默。

媽媽：「孩子，留神別吃下蘋果裡的蟲子！」

孩子：「為什麼要我留神？該它留神我才是呢！」

明明是自己該留神的，卻要蟲子留神，顛倒之中讓人會心一笑。

延伸閱讀

以下是在某地方流傳的歌謠：「咬牛奶，喝麵包，夾著火車上皮包；東西街，南北走，出門看見人咬狗；拿起狗來砸磚頭，又被磚頭咬了手。」

這首顛倒歌，內容上荒誕，但其趣味性卻能讓人留下深刻的印象。顛倒歌幾乎都是這樣，把自然界的某些規律、某些常見現象來個顛倒，在這個顛倒的世界裡，四季可以打亂，雄雌可以混淆，弱者可以戰勝強者等，讓想像力自由馳騁。

類似的還有這樣一首：「顛倒話，話顛倒，石榴樹上結櫻桃。蠅子踢死馬，螞蟻架大橋。丫丫葫蘆沉到底，千斤秤砣水上漂。我說這話你不信？老鼠銜個大狸貓。」

它把多組事物放到一起顛倒著唱，思路非常活躍。

出人意料 ——
你用什麼餵豬？豬自己買吃的

　　平時講故事的時候，故事的結局，陡然出現一個轉折，隨即戛然而止，從而使讀者驚訝、震動、回味、聯想，並且明白前面情節的發展都是為了這一瞬間的爆發；而這一百八十度的大轉折使讀者重新回味情節，覺得故事是如此意味深長，由此得到美的享受。

　　在說話時，如果能運用這一方法，使聽眾想像的結果與實際結果之間產生強烈的反差，就會產生出幽默的效果。

　　出人意料法，是我們用得最多的一種技法。在幽默、笑話、影視、相聲中，可以說如果沒有了出人意料法，效果就會減去一半。

　　先看下面一個幽默：

　　一個記者到南極，採訪了一百隻企鵝。

　　記者問第一隻企鵝：「你每天都做什麼？」

　　第一隻企鵝說：「吃飯、睡覺、打豆豆！」

　　記者問第二隻企鵝：「你每天都做什麼？」

　　第二隻企鵝說：「吃飯、睡覺、打豆豆！」

　　記者問第三隻企鵝：「你每天都做什麼？」

　　第三隻企鵝說：「吃飯、睡覺、打豆豆！」

　　一直問到第九十九隻企鵝都是：「吃飯、睡覺、打豆豆！」

　　記者問第一百隻企鵝：「你每天都做什麼？」

　　第一百隻企鵝說：「吃飯、睡覺！」

出人意料─你用什麼餵豬？豬自己買吃的

記者又問：「你為什麼不打豆豆？」

第一百隻企鵝看了他一眼，說：「我就是豆豆！」

這則幽默使用的就是出人意料法。按照我們的想像，第一百隻企鵝也應該是「吃飯、睡覺、打豆豆」，才對，沒想到的是牠竟然是「豆豆」。在人們出乎意料之中，幽默隨之產生。

要想成功運用出人意料幽默法，一個祕訣就是要盡可能的激起人們對事物的結果的種種想像。然後給出的下文與想像相差十萬八千里。所以，令對方想像得越多，就越成功。

一位年過半百的貴婦問蕭伯納（George Bernard Shaw）：「您看我有多大年紀？」

「看您晶瑩的牙齒，像 18 歲；看您蓬鬆的捲髮，有 19 歲；看您扭捏的腰肢，頂多 14 歲。」蕭伯納一本正經的說。

貴婦高興的笑了起來：「您能否準確的說出我的年齡來？」

「請把我剛才說的數字加起來。」

蕭伯納機敏過人，能言善辯，是歐洲文壇出了名的幽默家。他這裡使用的就是出人意料法。剛開始的時候，蕭伯納先是刺激貴婦人的種種想像，讓她覺得他不能準確的說出 18 歲、19 歲或是 14 歲，而實際的結果則大出貴婦意料之外，是這「三個數字加起來」。但是，蕭伯納的這種幽默方法，也會使人覺得挖苦得過分了些。

人們的想像是常規想像，是符合事物發展一般規律的想像，結果不合常規，性質一下變了，縱然你的常規想像再多，也難以與結果相同。

（一）

在開往日內瓦的快車上，列車員正在查票。一位先生手忙腳亂的尋找自己的車票，他翻遍所有的口袋，終於找到了。他自言自語的說：「感謝

上帝，總算找到了。」

「找不到也不要緊，」旁邊一位紳士說，「我到日內瓦去過無數次都沒買車票。」

他的話被站在一旁的列車員聽到了，於是火車到達日內瓦車站後，這位紳士被帶到了車站辦公室受到了嚴厲的審問。

「你說過，你曾無數次無票乘火車來到日內瓦。」

「是的，我說過。」

「你知道，這是違法的。」

「不，我不這麼認為。」

「那麼，你如何向法官解釋無票乘車是正當的呢？」

「很簡單，我曾是火車司機！」

（二）

一個人問農夫道：「你用什麼餵豬？」

「用吃剩的東西和廢棄的菜葉。」農夫答道。

「這樣說來，我該罰你，」那人道：「我是大眾健康視察員，你用營養欠缺的東西去餵供大眾吃的動物，是違法的，罰金一百美元。」

過了不久，另一個穿著整齊的人走來向農夫問道：「多肥的豬啊！你餵牠們什麼？」

「魚翅、雞肝、海鮮之類的東西。」農夫答。

「那麼，我該罰你，」那人說，「我是國際食物學會的視察員，世界人口三分之一在餓肚子，我不能讓你用那麼好的食物餵豬，罰你兩百美元。」

又過了數月，來了第三個人，如前兩個人一樣，他在農夫的圍欄上探頭問道：「你用什麼餵豬？」

「老弟，」農夫答道：「現在我每天給五美元，牠們想吃什麼就買什麼。」

出人意料—你用什麼餵豬？豬自己買吃的

　　「出人意料」是幽默手段中較為常用，也較易掌握的一種方法。在操作時，就注意以下三點：

　　一是前後落差應該越高越好，這樣才能形成強大的衝擊力。

　　二是在轉換過程中要嚴守祕密，維持假象，這樣才便於產生突然爆發的效果。

　　三是表達時要乾淨俐落，語言明確、簡潔，便於欣賞者迅速掌握這急遽出現的變化，發現這變化的奇妙或者荒唐，從而讓快樂溢滿心中。

延伸閱讀

　　女孩特別有錢。一天傍晚，一個貧窮而誠實的年輕人，與她依偎在一起，含情脈脈。

　　「妳那麼有錢。」他對她說。

　　「是的，」她坦率的承認，「我身價 100 萬美元。」

　　「妳能嫁給我嗎？」

　　「不。」

　　「我就知道是這個結果。」

　　「那你又何必問呢？」

　　「我只不過是想體驗一下，當一個人失去 100 萬美元的時候，是個什麼滋味。」

另闢蹊徑 ——
帽子丟了，看來該出頭了

一個醉鬼闖入報社，氣勢洶洶的質問為什麼沒有發表他寫的文章，而且糾纏不休。所有的編輯都沒有辦法說服這位醉鬼，於是叫來主編。主編進來，了解了事情的原委後，指著一堆舊報紙，對醉鬼說：「你看報紙裡還有空白位置發表你的文章嗎？」

「沒有。」醉鬼回答說。

「這就是為什麼沒有發表的原因。」

和醉鬼一是一、二是二的道理行不通，乾脆另外找一條途徑，直接把問題給解決了吧。至於理由充分與否，醉鬼要是有這個辨別能力的話，也就不會糾纏大家那麼久了。

生活中我們正面辦不了的事情，只能從側面去想辦法，側面如果再受阻的話，那就只能另闢蹊徑了。而若把它當作一種說話方式，就像半路殺出個程咬金，則會有出人意料的效果。

（一）

有一頑童，大年初一那天，一大早便出門找夥伴玩耍去了。玩了一段時間後，發現自己頭上一頂嶄新的帽子不知何時丟了。於是心驚膽戰的跑回家去，對他母親說了。要是在平時發生這情況的話，母親一定會大聲斥責他。可是今天是大年初一，不能罵孩子，儘管心裡很火大，也得硬忍著。這時來他家串門的鄰居小王聽了笑著說：「小朋友的帽子丟了，這沒關係，這不正好意味著『出頭』了嗎？今年你們家一定走好運，有好日

子過了。」一句話，母親轉怒為喜。從此在鄰居間對小王的印象一下子提高了許多。

（二）

小王應邀參加一位朋友的婚禮，可天公不作美，小雨從早到晚一刻也未停過。等趕到朋友家時，衣服上濺滿了星星點點的泥水。當一對新人雙雙向他敬酒時，朋友看到他滿身泥水，略帶歉意的說：「冒雨前來，你辛苦了。這都怪我沒選好日子。」

小王趕忙接過話說：「自古道，『久旱逢甘雨，他鄉遇故知，洞房花燭夜，金榜題名時』，這人生的四大喜事，讓你們小倆口一天就趕上了兩個，這才叫雙喜臨門呢！」一句話說得滿堂喝彩。小王意猶未盡，接道：「既然說到了雨，敝人有首打油詩，藉此機會贈給兩位新人。」說完接著吟道：「好雨知時節，當婚乃發生。隨風潛入夜，聽君親吻聲。」一首歪詩，逗得新娘面頰緋紅，引來滿座歡笑。

小王一席話確立了他在人群中的說話形象和說話風格，使他成了一個到處受歡迎的人。

有一次活動上，有幾位觀眾為鬼戲喊冤，認為神戲早已搬上銀幕，也已登臺亮相，唯有鬼戲既未上演也未登臺。大家正在憤憤不平之時，一位年輕人脫口點出其中緣由：「這叫做『神出鬼沒』。」此言一出，會場氣氛頓時增色不少。

在當今人際交往日益緊密頻繁的時代，語言發揮著越來越重要的作用，只要我們以雍容豁達的態度對待生活，就會發現：生活中處處充滿趣味和溫情，充滿歡樂和笑聲。

延伸閱讀

一個夏末秋初的日子，露露在西部大草原一所教會的晚餐會上，遇到一名農夫。露露問道：「今年的收成還好嗎？」

「不好。事實上沒有多少收穫，我還算有一成的收成，我哥哥則完全沒有。」

露露驚訝的問道：「這是為什麼呢？」

「是龍捲風作的孽。在十分鐘之內把一切都捲走了。」說完他就沉默了。

「你怎麼面對那麼嚴重的狀態呢？」

他默默的想了一下說：「我只是努力忘記而已。」

巧設圈套 ——
十里桃花說的是十里之外的桃花渡

　　幽默者透過曲折的暗示，故弄玄虛，吸引對方思緒，巧妙的為對方設下圈套，聽眾可以透過曲折的推理去領悟其幽默情趣。

　　小張和小王在酒吧喝酒。小張說：「我能用牙咬到自己的左眼。你敢為此下一百元的賭注嗎？」

　　小王很想輕鬆的贏一百元，於是下了注。只見小張不慌不忙的把左眼當中的假眼珠挖出來，放在嘴裡輕輕咬了一下，於是小王輸了。

　　小張又說：「給你撈回賭本的機會。這回我用我自己的牙咬自己的右眼。」

　　小王想：「你總不會兩隻眼睛都是假的吧？」他狠了狠心，又下了一百元賭注。

　　小張摘下假牙，把它慢慢移近右眼，這回小王的眼睛都瞪大了！

　　巧妙的設一個小小的圈套，讓對方掉進去後，不但不生氣，而且覺得很開心。這就是巧設圈套的幽默效果。

　　有個人預言說，主教一到紐約，就一定會落入新聞記者的圈套。事情果然如此。

　　主教第二天來到紐約，就有許多新聞記者圍著，提出一長串的問題等待他的回答。

　　第一個問題是：「您想去夜總會看看嗎？」

　　主教心裡暗暗想，他應該迴避這個問題才是，於是淡淡的笑一笑，以

問代答地說：「紐約有夜總會嗎？」

　　一長串的問題也就這樣應付著過去了。第二天早晨，主教一看報紙，大吃一驚，他看到報紙上關於他接受採訪的那篇報導的大字標題是這樣：「主教的第一個問題：紐約有夜總會嗎？」

　　在生活中，經常有這樣的事情發生。事先設一個圈套，等反應過來，為時已晚，但是卻能換來一樂。

　　如果說以上兩則幽默主要側重於「觀賞性」的話，那麼，以下這幾則可能就具有較強的實際操作性。

（一）

老闆：「你覺得冷嗎？」

助理：「不冷。」

老闆：「我覺得有點冷，能把你的外衣給我披一下嗎？」

然後雙目對視 20 秒。

（二）

晚飯後，一男一女兩人在操場上散步。

男的突然問女的：「妳愛我嗎？」

女的羞答答的說：「不愛。」

男的說：「我聽說，女的說『不愛即是愛，愛即是不愛』，從這一點可以看出，妳是愛我的。」

女的笑著不說話。

過了一會，男的又問道：「妳愛我嗎？」

女的迅速回答：「愛。」

男的喜笑顏開，說：「如此甚善！如此甚善！」

（三）

操場上，一隊士兵整齊的排著隊。

連長叫道：「誰喜歡音樂，向前三步走。」

六名士兵走出隊伍。

「好，請你們六人把鋼琴抬上三樓。」

三則幽默都是一方巧妙的設下一個小小的圈套，將另一方巧妙的套進去。

此外，還有一種，則是在暗處巧設圈套，讓對方在不知不覺中進入。

張老師拿來了一大疊信封，給了每人一張，並且不能打開。大家都不知道張老師的葫蘆裡賣的是什麼藥。

過了一會，張老師說：「我最近新研究了一套知識淵博的試題。等我說開始的時候你們就答題，時間只有六分鐘。」

大家趕緊把手放到信封上。「開始！」張老師說。大家以迅雷不及掩耳之勢打開了信封。

「一分鐘過去了！」張老師在那裡數時間。大家趕緊加快了答題速度。

「兩分鐘過去了。」

大家都迅速的寫上了前三題的答案，又把第四、五題寫上了，往後面一看：哇，太難了！

最後，當大部分人都看到第十題的時候，只見第十題寫著：讀完上題只做第八題和第九題⋯⋯

巧設圈套法在應用上，要注意一個尺度，讓進入圈套的人只是付出很小的損失，才不至於違背常態。總之，重在幽默，而非其他。

唐朝有個人叫汪倫，家住安徽涇縣桃花潭邊的萬村小鎮。他十分仰慕當朝的大詩人李白，又恨無緣相識，一直想尋個機會親睹一下這個「詩仙」的不凡風采並交個朋友。

有一次，碰巧李白邀遊名山大川到了皖南。汪倫尋思：有什麼妙法可以結識李白呢？

他忽然想起李白一愛桃花，二愛喝酒，便靈機一動，寫了封邀請信給李白。信上說：「先生好遊乎？此地有十里桃花。先生好飲乎？此地有萬家酒店。」

李白接到此信，欣然趕往桃花潭來見汪倫。

兩人寒暄後，李白說：「我是特地來觀十里桃花、嘗萬家酒店的。」

汪倫告訴李白：「十里桃花說的是十里之外的桃花渡，萬家酒店是指萬家潭西一個姓萬人家開的酒店。」

李白聽罷，知道自己「上當」，大笑不已。

指鹿為馬—蛋是破了，可我說的是錘不破

> **指鹿為馬 ——**
> 蛋是破了，可我說的是錘不破

　　成語「指鹿為馬」比喻故意顛倒是非，混淆黑白。如果要使其產生幽默感，就是要用雙方心照不宣的名不符實，把白的說成黑的，從而產生反差，傳達另外一層真正要表達的意思，達到幽默交流的目的。

　　先來看一則幽默：

　　豬的和賣茶的打賭。

　　殺豬的說：「用鐵錘錘蛋錘不破。」

　　賣茶的說：「錘得破！」

　　殺豬的說：「錘不破！」

　　賣茶的不服氣，拿來一個雞蛋，用錘使勁打下去，雞蛋碎了。說：「這不是破了嗎？」

　　殺豬的說：「蛋是破了，可我說的是錘不破啊！」

　　在這裡，殺豬者用的就是指鹿為馬法。因為賣茶的說的是錘不破的是雞蛋，殺豬的偏偏說是「錘」不破，指的是作為名詞的錘不會破。幽默便在混淆事物本來的概念中產生。

　　下面是一個廣泛流傳的現代幽默：

　　有兩個工人評價他們的廠長。

　　「廠長看戲怎麼總是坐在前排？」

　　「那叫帶領群眾。」

　　「可看電影他怎麼又坐到中間了？」

「那叫深入群眾。」

「來了客人，餐桌上為何總有我們廠長？」

「那是代表群眾。」

「可他天天坐在辦公室，工廠裡從不見他的身影，又怎麼講？」

「這都不懂，那是相信群眾嘛！」

雖然兩位工人都知道廠長的工作作風有問題，但是他們沒有直接說出來，而是心照不宣的指鹿為馬，指白說黑的諷刺廠長的工作作風名不副實，有很強的幽默感。

幽默並不是一種可觀的科學知識，而是一種情感的交流。情感是主觀的，不是客觀的，情感與科學的理性是矛盾的。科學的生命在於實事求是，而情感則不然，實事求是必然消滅情感。幽默的生命常常在名不副實的判斷中產生。指鹿為馬是不科學的，但是如果不是有意欺騙，雙方心照不宣的名不副實，則能產生幽默。

英軍總司令威靈頓（Arthur Wellesley）在滑鐵盧打敗拿破崙後，凱旋倫敦，當時舉辦了一個相當隆重而盛大的慶祝晚宴，參加這次宴會的有各界社會名流、貴族紳士，還有許多參戰的軍官和士兵。

晚宴的菜餚十分豐盛。快要結束時，在每一個人面前都擺了一碗清水。其中一名士兵竟大大方方的將這碗水端起來喝了一口，見此情形，在場的貴賓都竊笑不語。

原來這碗水是在吃點心之前用來洗手的，而這個農家出身的士兵哪裡會懂得這種宮廷裡的規矩，因而出了笑話，當時那位士兵羞得滿臉通紅。

就在這個時候，威靈頓端起這碗洗手水站了起來，說：「各位女士們、先生們，讓我們共同舉杯向這位英勇的戰士乾一杯吧！」一陣熱烈的掌聲後，大家舉杯同飲。

指鹿為馬—蛋是破了，可我說的是錘不破

這位士兵和在場的每一個人都為威靈頓的人品、作風大為感動。

威靈頓的指鹿為馬，不僅為那位士兵解脫了困境，也表現了他崇高的人品和幽默感。

指鹿為馬可以產生幽默，反過來挑戰指鹿為馬同樣能夠產生幽默。

有一天，一個人在河邊釣魚，這時過來一個值勤的保全。

保全說：「這裡禁止釣魚，違反規定者罰款 500 元。」

釣魚者說：「我沒有釣魚，我只是在訓練蚯蚓游泳。」

保全接著說：「虐待動物，罰款 5,000 元。」

釣魚者無語。

延伸閱讀

秦二世時期，丞相趙高野心勃勃，陰謀策劃著篡奪皇位。但是，他不知道朝中有多少大臣站在他這邊，有多少人站在秦二世那邊。於是，他想了一個辦法，準備試一試自己的威信，同時也可以摸清勇於反對他的人。

一天上朝時，趙高讓人牽來一隻鹿，笑著對秦二世說：「陛下，我獻給您一匹好馬。」

秦二世一看，這哪裡是馬，分明是一隻鹿嘛！便笑著對趙高說：「丞相是不是搞錯了，這是一隻鹿，不是馬。」

趙高依然面不改色的說：「陛下你再仔細看看，這的確是一匹千里馬。」

秦二世又看了看那隻鹿，將信將疑的說：「馬的頭上怎麼會長角呢？」

趙高一轉身，用手指著眾大臣，大聲說：「陛下如果不信我的話，可以問問眾位大臣。」

看著趙高臉上陰險的笑容，和骨碌碌的眼神，大臣們忽然明白了他的用意。

一些有正義感但膽小的人，都低下頭，不說話，因為說假話，對不起自己的良心，說真話又怕日後被趙高所害。

有些正直的人，則堅持認為是鹿而不是馬。

而平時就緊跟趙高的奸佞之人則表示擁護趙高的說法，對皇上說，「這確是一匹千里馬！」

趙高得勢後，便透過各種手段把那些不順從自己的大臣紛紛治罪，甚至滿門抄斬。

這就是「指鹿為馬」成語的由來。

轉移概念 ——
接吻是兩條直線間最短的距離

　　轉移概念就是把概念的內涵或轉移、或偷換，概念內涵的差距越大，幽默的效果就越強烈。我們先來看一組關於「接吻」的概念解釋：

　　代數學教授：接吻是不將兩者除以任何東西，不將其分割開來。

　　幾何學教授：接吻是兩條直線間最短的距離。

　　物理學教授：接吻是由於心的膨脹造成嘴的收縮。

　　動物學教授：接吻是雌雄異體的唾液細菌交換。

　　會計學教授：接吻是一種信用貸款，因為返還時有利潤可圖。

　　統計學教授：接吻是一項在生命力統計是 36-24-36 時發生機率較高時。

　　心理學教授：接吻是口腔期滯留現象。

　　哲學教授：吻是小孩的煩擾，年輕人的狂喜，及老人的尊崇。

　　英語教授：吻是常用來當作連接詞的名詞，這樣的用法雖然常用，但不適當；說話時它常是複數，且適用於所有地方。

　　電子學教授：接吻是正電子和負電子的相互吸引。

　　運輸學教授：是把愛意由甲地運輸到乙地，產生某些程度的回饋（feed-back）。

　　有機學教授：將一個舌頭放入一個口腔之中，會化合出愛意的機轉。

　　經濟學教授：接吻是市場供需曲線交於同一點。

法律學教授：接吻是一種行為人與相對人間的明示意思表示。

生理科教授：接吻就是將兩個人體內的病毒互相的交流。

解剖科教授：接吻就是讓你互相了解口腔內的結構。

公衛學教授：接吻對於公共衛生習慣來說是一種不好的習慣。

在這裡，同一個詞語用不同科目的語言表達出來，產生了幽默感。這就是抽象概念的結果。因為幽默是一種情感思維方法，他與人們通常的理性思維方法有相同之處，也有不同之處。對相同之處，人們不用細心鑽研，就可以自發的掌握；而對於不同之處，許多幽默感很強的人雖已掌握，但不知其所以然，往往以通常的思維方式去代替幽默的思維方法，其結果自然是幽默的方式。

老師：「今天我們來教減法。比如說，如果你哥哥有五個蘋果，你從他那裡拿走三個，結果怎麼樣？」

孩子：「結果嘛，結果他肯定會揍我一頓。」

老師講的「結果怎麼樣」完全是從數學的概念出發，意思很明顯是指拿走三個蘋果，還剩幾個蘋果，屬於數量的範疇。可是孩子卻理解成了拿走後，他哥哥會怎麼對付他，顯然轉移到了人事關係上。

幽默的形成；正是由於這種概念的抽象與轉移。仔細觀察過的人，肯定對這則笑話中的「結果」兩字記憶尤甚，而這正是笑話產生的「眼」。如果我們把「結果怎麼樣」改成「還剩幾個蘋果」，肯定產生不了下文的幽默。因為「剩餘」很難轉移，而改成含義彈性比較大的「結果」，就便於孩子把減去的結果偷偷轉化為多吃蘋果的結果。

因此，這一類幽默感的構成，在於偷偷的把概念的內涵做大幅度的轉移。轉移前後的差距越大，幽默的效果越強烈。

來看下一則：

轉移概念—接吻是兩條直線間最短的距離

一個人問：「先生，請問醫院怎麼走？」

被問者：「這很容易，只要你閉上眼睛，橫穿馬路，五分鐘之後，你準會到達的。」

路人問的本來是到醫院的路線，被問者卻把概念轉換成了如何能讓問路者住進醫院。回答是只要你故意違反交通規則，就會受傷，而受傷的結果自然是被送到醫院，雖然同樣是到達醫院，卻完全違背了問路者本來的意思。

再看一則類似的笑話：

一個歹徒在路口被警察團團圍住，他奮力掙扎，掏出匕首刺死了一名警察。歹徒被抓後，警察局局長痛斥他：「你知道你刺死的是誰？是一個有家庭的父親！」

「下一次，」歹徒說，「你派一個單身漢來抓我！」

警察局長的意思是說，你把一個一家之主給殺了，對人家帶來了很大的痛苦。可是歹徒不是這樣理解的，他偷偷轉移了概念，認為出錯的不是他，而是警察局不應該派一個有家庭的父親來，應派個單身漢。在無形中轉移了本來的概念，也產生了幽默。

這好像完全是胡鬧，甚至愚蠢，可是人們為什麼還把幽默當作一種高尚趣味來加以享受呢？

這是由於在問的一方對所使用的概念有一個確定的意思，這個意思在上下文中是可以意會的，因而是不必用語言來明確規定的。任何語言在任何情況下都有不言而喻的成分，說話者與聽話者是心照不宣的。沒有那種心照不宣的成分，人們是無法對話的。因為客觀事物和主觀心靈都是無限豐富的，要把那種心照不宣的成分都說清楚，如果不是絕對不可能就是太費勁了。

幽默的回答卻轉移了概念的真正所指，突然打破了這種預期。預期的失落，產生了意外，這還不算幽默感的完成，幽默感的完成在於意外之後猛然的發現：概念被偷換了以後道理上也居然講得通，雖然不是很通，而是一種「歪通」，正是這種「歪通」，顯示了對方的機智、狡點和奇妙的情趣。

概念被偷換得越離譜，所引起的預期失落、意外震驚越強，概念之間的差距掩蓋得越隱祕，發現越是自然，可接受性也越大。

延伸閱讀

在某超級市場的出口處，管理員逮住了一名小偷，打開他的口袋一看，只見偷的全是防盜鎖。管理員對小偷說：「你偷這麼多鎖做什麼？」

「先生，我要抗議！你們推銷這種鎖，我今後吃飯靠什麼呢？」小偷氣憤的回答說。

故賣關子 ——
第二個福爾摩斯

說話者先故意提出一個容易使人產生誤解的結論，然後再做出一個出人意料的分析和解釋，藉以造成強烈的幽默效果，這種幽默方法就是故賣關子。

請看一則「第二個福爾摩斯」的幽默：

《福爾摩斯探案集》一書的作者柯南‧道爾在羅馬時，叫了一輛出租馬車。還沒等到他開口，趕車人說話了：「柯南‧道爾先生，您上哪裡去？」

柯南‧道爾覺得奇怪極了，反問趕車人：「你怎麼知道我是柯南‧道爾？」

「呵，這簡單得很，你是在加列 —— 羅馬車站上車的；你穿著是英國式的；你的口袋裡露出一本偵探小說來。」

「太了不起啦！」柯南‧道爾叫起來，他很驚奇在義大利會碰到第二個福爾摩斯。於是，他習慣的順便再問一句：「你還看到其他什麼痕跡沒有？」

「沒有，沒有別的，除了在你的皮箱上我還看到你的名字外。」

趕車的人認出柯南‧道爾先生，實際上最主要的原因，是在皮箱上看到他的名字，而他開始並不言明，故意使人造成他是第二個福爾摩斯的誤解，然後再做出人意料的解釋，以產生強烈的幽默感。

故賣關子法要處理好「吊」與「抖」的關係。

所謂「吊」就是把對方的胃口吊了又吊，一直吊到對方如飢似渴的程度。然後再猛的一「抖」，把包袱抖開，讓對方突然醒悟過來：原來如此！

延伸閱讀

　　熱戀中的劉某，拿起電話，興致勃勃的約女友看電影。

　　劉：「喂，是小虹嗎？晚上看電影好不好？」

　　虹：「太好了，什麼電影？」

　　劉：「是這樣，我從小就不愛上課，對歷史了解得特別少。我想，我們還是多看些歷史方面的片子，免得日後聊起來，在同事面前丟臉。」

　　虹：「行了，別賣關子了，到底是什麼電影？」

　　劉：「秦始皇的兵馬桶（俑）。」

不懂裝懂—我吃一碗「牛」「大」「便」

不懂裝懂 ——
我吃一碗「牛」「大」「便」

表達者不懂裝懂，似懂非懂，對意義進行錯誤理解，並錯誤的模仿、援引、解釋他人言行，製造出語言錯誤，便能產生幽默效果。

讀過老舍的小說《趙子曰》的人，應該對其中的一段鬧劇記憶深刻。

周少濂、趙子曰作不出新詩，其實也不懂古詩，竟把胡編亂謅的東西當成「杜詩」。

周少濂立在臺階用著勁想詩句，想了半天好不容易想起兩句古詩，加上了一、兩個虛字算作新詩，一邊搖頭一邊唸：

「北雪呀……犯了……長沙！」

「胡雪喲……冷啦……萬家！」

胸無點墨，不懂裝懂，把狗屁不通的東西拿來媲美杜詩，以假亂真，自欺欺人，卻產生了強烈的幽默感。

傳統相聲中，有許多這方面的例子，比如《講四書》就是在幽默中諷刺那些不懂裝懂的人。摘錄如下：

乙：有這麼幾句我講不通。

甲：哪些？

乙：這幾句：「關關雎鳩，在河之洲，窈窕淑女，君子好逑。」

甲：這要是問別人他還說不上來。

乙：怎麼？

甲：這是我們街坊的事。東屋裡住的那個姓關的那天喝酒，喝醉了，

跟南屋那街坊吵起來啦。

乙：你等會說，這跟「關關雎鳩」有什麼關係？

甲：你聽著呀。東屋那位姓關，南屋那位也姓關，兩人吵得難解難分，誰也勸不了，非上警察局不可，揪著就去了。這就叫「關關局揪」。

乙：噢，這就叫「關關雎鳩」。

甲：哎。

乙：那麼「在河之洲」呢？

甲：大關、小關兩人在警察局拘留了兩天，酒也醒了。都承認了錯誤，不再打架了，和解了。大關說請小關吃飯，小關也把胃喝壞了，什麼也吃不下去，結果吃了點粥 ──「再和吃粥」！

乙：吃粥哇？「窈窕淑女」哪？

甲：小關有個女朋友，姓姚叫姚條，是姚大叔的女兒，「姚條叔女」。

乙：那麼「君子好逑」又怎麼講呢？

甲：姚條幫忙解決事情呀，「你兩人若是再打架就是小人，不打架就是君子，我請你們兩人看球賽。」結果看了一場足球賽。這就是「關關局揪，再和吃粥，姚條叔女，君子好球」。

這種不懂裝懂的幽默故事，在古代也有很多，例如下面這則：

有個人開當鋪，卻不識貨。

有客人拿了一面單皮鼓來典當，鋪主吆喝道：「皮盆子一個，當銀五分！」

有人拿笙來當，鋪主吆喝：「斑竹酒壺一把，當銀三分！」

有人來當笛子，他又吆喝：「絲緝火筒一根，當銀一分！」

後來有人把擦屁股的帕子拿來當，他吆喝道：「虎狸斑汗巾一條，當銀二分！」

107

不懂裝懂—我吃一碗「牛」「大」「便」

小夥計見了說：「這東西要它有什麼用？」

鋪主答道：「若他不來贖，留下來擦擦嘴也好！」

對於文化上的差異，不懂裝懂更容易笑料百出。

一天，一個自恃認得幾個漢字的外國人。在大街上溜達餓了，就開始找餐館。

他到了一家小麵館門口，看見門口的木牌上寫著的大字：牛肉麵、大排麵、便飯。他想嘗嘗，就走了進去。

服務生走過來，問：「先生，您要點什麼？」

外國人想炫耀一下他認得的漢字，扭頭看了看木牌上豎著寫的字，聲音洪亮的橫著唸道：「我吃一碗『牛』『大』『便』……」

延伸閱讀

王老六整日不學無術，在一次演說中鬧出了笑話。他將別人替他起草的手寫稿「我們要大做、苦做加巧做」中的「巧做」念成了「23 做」。人們笑成一片。他竟說道：「『23 做』是新生事物，什麼叫『23 做』，就是 12 分的力量 ── 嗯，12 分不夠，還要加一倍，24 分，留有餘地 ── 23 分。」

會後，王老六對幫他寫稿子的人說：「稿子寫得不錯，就是忘了解釋什麼是『23 做』，幸虧我反應機敏，臨時補救。」

王老六錯把「巧做」唸成「23 做」，還一本正經的自圓其說，鬧出了這個讓人哭笑不得的笑話。類似的笑話在生活中並不少見，只是沒有那麼誇張罷了，遇到問題不懂裝懂，只會錯上加錯，最後受害的還是自己。

實話實說 ——
被燒焦了還跑得這麼快

　　有時候，實話實說也能成為一種幽默，不需要對事情添油加醋，不需要無中生有，將事實的原貌照實說出來，幽默便隨之產生了，這就是實話實說的幽默技巧。

　　有位郵差送信的時候，走進一戶人家。看到門口坐著一個男孩，旁邊趴著一隻大狗，便停下來問：「小孩，你的狗咬人嗎？」

　　「不咬。」孩子回答。

　　郵差放心的走過去，冷不防那隻狗撲上來，朝腳踝咬了一口。

　　打跑狗後，郵差氣憤的質問男孩道：「你不是說你的狗不咬人嗎？」

　　男孩說：「我的狗就是不咬人！」

　　「還說不咬！你的狗不咬人，我這腿上的血是哪裡來的？」郵差一邊說話，一邊用手帕包著傷口。

　　「那是鄰居家的狗，不信你去問問大人。」男孩說。

　　故事一開始就對我們設了一個圈套，讓一隻狗趴在男孩身邊。不論是郵差還是我們都認為狗是屬於男孩的，既然屬於男孩，那「狗不咬人」的話當然會信以為真。然而事實卻是狗不但咬了人，而且咬得很厲害。難道是男孩和我們開了個玩笑？可男孩一口咬定他的狗不咬人。我們更加確信男孩的說法有問題，可最後男孩輕描淡寫的一句話，卻讓我們恍然大悟，並哈哈大笑，原來狗是鄰居家的。可見，實話實說的幽默效果一點也不比咬文嚼字的幽默效果差。

實話實說—被燒焦了還跑得這麼快

接下來，再看一則更加有趣的故事：

老張有點懼內，在家一切都聽妻子吩咐。

這一天，晚飯後，妻子差使老張出去幫她買東西。老張雖然不願意，還是去了。

很不湊巧，商店門關了，他什麼也沒買到。

老張便到路邊一家燈火迷離的酒吧。進了酒吧，很快就有一個女子前來跟他搭訕。接下來發生的事情，誰都能想得到。

老張醒來時，已經凌晨兩點了。他急切的對那女子喊道：「我老婆非把我宰了不可！妳這裡有沒有爽身粉？」

沒多久，老張氣喘吁吁的跑回了家。妻子正雙手叉腰，怒氣沖沖的站在門口瞪著他。

「你野到哪裡去啦？」她高聲嚷道。

「我，我，我……嘿嘿，商店關門了，我就……」

「別跟我耍花招，老實說，你到哪裡去啦？」妻子不依不饒。

「噢，我見商店關了門，就進了旁邊的酒吧。在那裡，我見到一個女人，我們又說又笑扯了好半天，然後我就跟著她去了一個房間……」

「你撒謊！」妻子更來氣了，「把你的手伸過來讓我看看。」

老張垂著腦袋，把手伸了過去。

「哼，還想騙我。」妻子說道，「你打保齡球去了，對不對？」

女人的思維真奇怪，很多事情，你對她說實話，她反倒不相信。就像老張一樣，實話實說，遭到妻子一番訓斥。相反，卻對弄虛作假信以為真。當然，這只是一個笑話，現實生活中未必就是如此。

最後，我們來看女售貨員是如何實話實說的。

一女顧客問女售貨員：「這件上衣是新式的嗎？」

「是巴黎最新的時裝，女士。」女售貨員說。

顧客又問：「在陽光下不會褪色吧？」

「確定不褪色，這件上衣已經在櫥窗裡掛了兩年，看起來還和新的一樣。」

延伸閱讀

一位醫生拿起話筒接電話，立即聽到裡面傳來一位同事的聲音。

「我們打撲克牌還少一個人。」他的朋友說。

「我很快就到。」醫生低聲說。

當他穿外套的時候，他的妻子問道：「情況很嚴重嗎？」

「是的，非常嚴重。」醫生非常嚴肅的說，「事實上，已經有三位醫生在那裡了。」

惡搞經典 ——
惡搞是一種時尚

世上本沒有惡搞，惡搞的人多了，也便有了惡搞。

有人說：惡搞是人們冷嘲熱諷的解悶姿態，惡搞是人們喜聞樂見的文藝批評，惡搞是人們平凡有趣的精神追求。

我們不應該說，惡搞是什麼什麼主義、惡搞代表了什麼什麼意義、惡搞有著什麼什麼境界。因為人類一思考，上帝就發笑。如果真要這麼說，這事情本身就挺惡搞的。

惡搞者打著娛樂大眾、顛覆傳統的大旗誓將惡搞進行到底。因為惡搞已經成為一種時尚。

我們先來看流行的惡搞短文：

- 如果你是流星我就追定你，如果你是衛星我就等待你，如果你是恆星我就會戀上你。可惜……你是猩猩。我只能在動物園看到你！
- 現在的我好亂，心裡不知道在想些什麼，頭腦都快被煩死了，我真的不知道要怎麼辦？你能不能告訴我，我真的不知道要吃滿漢大餐還是來一客！
- 我把你的名字寫在天空裡，可是被風吹走了。
  我把你的名字寫在沙灘上，可是被海沖走了。
  我把你的名字寫在每一個角落……
  我被警察抓走了！

- 當白雲飄過，那是我想你的痕跡；

  當陽光閃耀，那是我想你的感覺；

  當雨水落下，那是我想你的證據；

  當雷電交加，那是我向天祈求你被劈中。

- 如果說燒一年的香可以與你相遇，

  燒三年的香可以與你相識，

  燒十年的香可以與你相惜，

  為了我下輩子的幸福，我願意……改信基督教。

接下來我們看對歌曲惡搞的例子：

- 王心凌《愛你》、S.H.E《我愛你》、Beyond《真的愛你》、李宗盛《我是真的愛你》、言承旭《我是真的真的很愛你》

  點評：不用這麼複雜吧！

- 王菲《如果你是假的》、鄧麗君《假如我是真的》、蕭正楠《假如我是假的》

  點評：能退貨嗎？

- 成龍《我是誰》、蟑螂樂隊《忘了我是誰》、蔡依林《你是誰》、許志安《忘了你是誰》

  點評：你們都需要保健品！

- 朴樹《我愛你，再見》、丁薇《再見，我愛你》

  點評：不送……

- 蘇永康《男人不該讓女人流淚》、陳小春《女人不該讓男人太累》

  點評：多麼體貼的小夫妻啊！

惡搞經典─惡搞是一種時尚

· 姜育恆《愛我你怕了嗎》、孫燕姿《害怕》、王力宏《不要害怕》、潘瑋柏《我不怕》、趙薇《不怕》、郭美美《不怕不怕啦》、鄭伊健《怕什麼，什麼也不怕》

點評：真是人多膽子大！

這些惡搞是不是讓我們開懷大笑呢？惡搞之所以能引發這麼大的影響力，主要在於它是以娛樂群眾為導向的。其實大部分惡搞並不是什麼「人身攻擊」，只是開玩笑，目的是使大家或開心一笑、苦笑或哭笑不得。

延伸閱讀

孔明來到東吳，孫權派魯肅親往迎接，入住「溫柔鄉」五星級賓館。主客寒暄後，魯肅對孔明說：「先生一定要用如簧的巧舌將主公說服，肅在這裡備了金嗓子喉寶、草珊瑚含片、三九胃泰、速效救心丸……供先生備用。」

孔明言：「曹操這個老奸賊，真不是一個東西，他想主宰全球，被我兩把火燒了個灰頭土臉還不死心，仗著財大氣粗，又來弄什麼戰區防禦，把荊州的劉綜這個蠢貨拉過去。劉皇叔不聽我的勸告，一直想要和平解決。事實證明，這個世界只能靠武力。你放心，我一定說得孫仲謀覺得曹操是他十八代祖宗的大仇人。」

雙方又談了一會，魯肅告辭，臨走，作諂媚狀：「先生好好休息，我們這裡有各種娛樂等等。」原來孫權想把諸葛亮拉過去，施出了美人計。

「好……好累，我還要觀觀天象，聽說曹操花鉅資發了個東西到火星上去，連泡都沒吐一個就沒了。」諸葛亮作一身正氣樣的回答道。

裝腔作勢 ——
翰林院侍講大學士國子監祭酒隔壁之隔壁王婆之柩

「裝腔作勢」，它的本意是拿腔拿調，或故作姿勢，以圖引起他人的注意力，甚至達到嚇唬人的目的。「裝」和「作」，都包含有表演的成分在內。可以從哪些角度進行表演呢？一方面是「腔」，另一方面是「勢」。而一旦表演得過了頭，就會笑料百出。

清朝時候，有個人叫王婆，家裡富有，做了口棺材，要一位道士幫忙題個好名稱放在棺材前面。

道士提了好幾個名稱，王婆都覺得不滿意。最後，道士想了一個名目：翰林院侍講大學士國子監祭酒隔壁之隔壁王婆之柩。

王婆一聽，很高興。

看起來是一個非常唬人的名字，但是實際上還是個平民百姓「王婆」。在很多時候，「過度」裝腔作勢會為人們帶來樂趣。

一位能言善道的牧師在教堂內歌頌造物主的偉大。

講完後，他向在場的信徒們發問：「你們有誰敢說天下有哪件事物不是造物主最完美的傑作？」

教堂裡一片寂靜。沒有人說話。過了一會，突然，有位駝背的信徒自教堂的一角緩緩站起來對牧師說：「依您看，我這個駝背怎麼樣？」

牧師不假思索說：「那是我見過駝得最完美的一個背，不論在凸線或造型方面，都堪稱是上帝最完美的傑作。」

裝腔作勢—翰林院侍講大學士國子監祭酒隔壁之隔壁王婆之樞

牧師的口才可說是「裝」到了極點，一句輕描淡寫，引來一片大笑。

我們再看一則笑話：

有一天，一隻烏鴉與一隻麻雀閒著沒事可做，便站在樹枝上聊天。

麻雀：「我怎麼以前從沒見過你，你是什麼鳥啊？」

烏鴉撇了撇嘴說：「啊！我是鳳凰呀！」

麻雀說：「有你怎麼黑的鳳凰嗎？」

烏鴉：「嘿，這你就不知道了，我是燒鍋爐的鳳凰！」

麻雀：「哦……」

烏鴉問麻雀了。

烏鴉：「那你是什麼鳥啊？」

麻雀：「我是老鷹啊！」

烏鴉：「有你這樣的老鷹嗎？你也太小了。」

麻雀無奈的說：「唉，兄弟，你不知道，我吸毒已經四年了！」

明明是烏鴉，卻硬說自己是鳳凰，還是燒鍋爐的，讓人忍俊不禁。明明是麻雀，卻說自己是老鷹，還是吸過毒的。幽默由此而生。

老虎和烏鴉是拜把兄弟，兩個一起住在山上。老虎經常下山逮家禽，回來後自己吃肉，烏鴉吃點雜碎。

這一天，老虎吃壞了肚子，不能下山找吃的了。便對烏鴉說：「兄弟啊，今天大哥不舒服，不能下山找吃的了，你能不能下山去找點吃的給我吧。」

烏鴉一想也是，平時都是老虎找吃的，自己也該表現表現了。就說：「大哥，你放心，我一定給你弄點好吃的。」說完就下山去了。

山下有一個村莊，最近村民發現老是丟雞失羊的，便組織了一支團隊，準備捉賊。

烏鴉偷偷摸摸來到村口，剛一露頭，就被村民逮住了。

村民們義憤填膺，便把烏鴉五花大綁，準備火刑侍候。

老虎等了老半天，不見烏鴉回來。開始擔心起來。便爬起來，下山去看個究竟。

下得山來。老虎往村口方向一看，原來烏鴉被五花大綁，身上的羽毛拔得一乾二淨，正閉目垂頭等著上刑。

老虎怒吼一聲，撲了過去。烏鴉正暗自神傷，心想難逃此劫。卻聽得一聲吼，張目一看，原來是大哥來救，精神大振，連忙對老虎喊：「我不是叫你別來嗎？你來做什麼？沒見我脫光了羽毛要和他們練練嗎？」

死到臨頭了，還在裝腔作勢，烏鴉可替我們上了活脫脫一堂幽默課。

延伸閱讀

契訶夫（Anton Pavlovich Chekhov）是俄國傑出的短篇小說家與戲劇家。

有一天，一位長得很豐滿，穿得很漂亮的太太來看望契訶夫。她一坐下來，就裝腔作勢的說：「人生多麼無聊，契訶夫！一切都是灰色的：人啦、海啦、連花兒都是一樣。在我看來什麼都是灰色的，沒有。我的靈魂裡充滿了痛苦……這好像是一種病……」

契訶夫瞇起眼睛望望面前的這位太太，說：「的確，這是一種病。它還有一個拉丁文的名字：morbuspritvorlalis。」

這句拉丁文的意思是：裝病。

以正導反—啊！你怎麼越來越苗條了

> ## 以正導反 ——
> 啊！你怎麼越來越苗條了

以正導反，就相當於修辭中的反語，是用相反的詞語表達本意，使說出來的話，與所表達的意思與字面完全相反。比如，字面上肯定，而意義上否定；或字面上否定，而意義上肯定。這也是產生幽默感的有效方法之一。

來看一個經典的例子：

有一則宣傳戒菸的公益廣告，是這樣的，吸菸的三大好處：

· **節省布料**：因為吸菸易患肺癌，導致駝背，身體萎縮，所以做衣服就不用那麼多布料。

· **可以防賊**：抽菸的人常患氣管炎，通宵咳嗽不止，賊人以為主人未睡，便不敢行竊。

· **可防蚊蟲**：濃烈的菸霧讓蚊蟲受不了，只得遠遠的避開。

完全沒提到吸菸的害處，相反卻列舉了吸菸的三大好處。其實這裡說的是吸菸的三大好處，實際上是吸菸的害處，而正話反說，顯得很幽默，讓人們從笑聲中悟出其真正要說明的道理，即吸菸危害健康。

在生活中，經常能碰到一些事情，如果正面直言，很可能達到有效的目的，甚至會傷害彼此的感情。但是如果正話反說，則能夠使事情簡單一些。

例如：

英國首相邱吉爾為了出席宮殿舉行的演講，超速開車，被一名年輕警察逮住了。

「我是邱吉爾首相。」邱吉爾不慌不忙的說。

「亂說，你一定是冒牌貨！」警官嚴厲的說。

無可奈何之際，邱吉爾說了一句：「你猜對了！我就是冒牌貨！」

這麼一來，警官面露微笑，放過了邱吉爾。

邱吉爾一本正經表明自己的身分，反倒被警官懷疑。然後，他就換了一種方式，正話反說。警官只能抱著一種「寧可信其有，不可信其無」的心態放過了他。

其實，在我們想表達心中的不滿時，也可以透過正話反說的幽默技巧。

小王和他的女朋友想喝咖啡，但是服務生端上來的咖啡差不多只有半杯，小王很生氣，便笑嘻嘻的對咖啡店主人說：「我有一個辦法，保證讓你多賣出三杯咖啡，你只需要把杯子倒滿。」

小王透過正話反說，既表達了自己的不滿，也沒有給對方帶來難堪。

在中國古代有許多正話反說的例子。

秦朝時候，有一個人叫優旃，很有幽默感。

有一次，秦始皇要大肆擴建御園，多養珍禽異獸，以供自己圍獵享樂。這是一件勞民傷財的事。許多大臣想勸解，但是誰也不敢冒死直言。

這時能言善辯的優旃挺身而出，他對秦始皇說：「陛下的主意很好，多養些珍禽異獸，敵人就不敢來了。即使他們從東方來了，只要陛下一聲令下，讓麋鹿用角把他們頂回去就足夠了。」

秦始皇聽了破顏而笑，並破例收回了成命。

優旃在這裡正話反說，表面上是贊同秦始皇的主意，實際意思是說如果按秦始皇的主意辦事，國力就會空虛，敵人就會趁機進攻，而麋鹿用角是不可能把他們頂回去的。

以正導反—啊！你怎麼越來越苗條了

優游透過這樣的說法不僅保全了自己，又促使秦始皇在笑聲中醒悟過來，達到了說服目的。

正話反說，是人們自古以來喜歡的一種幽默形式。但是，要注意的是，這種幽默一般都有一定的攻擊性。如果幽默對象沒心理準備，你的話又有針對性，就要注意分寸，主要是對方與你的關係是否承受得住這種幽默。此外還得考慮場合和其他條件。有時同樣一句話在一種場合下可以講，另一種場合下就不能講，對同樣一個人在他心平氣和時能講，在他心境很差時就不能講。

準確的掌握對方的心境和環境的性質，同時掌握自己說話的分寸，是有幽默者的重要修養，如果在這一點上粗心大意，那不但幽默不起來，反而可能冒犯了對方的自尊心，弄僵彼此間的關係。

所以，使用這種幽默技巧，一定要考慮清楚對方是否能夠承擔這種幽默。

延伸閱讀

裝傻這事，如果做得好，叫大智若愚。

木訥這事，如果做得好，叫深沉。

發呆這事，如果做得好，叫酷。

騙人這事，如果做得好，叫主持正義。

被欺負這事，如果做得好，叫忍辱負重。

玩遊戲這事，如果做得好，叫加班。

鬼混這事，如果做得好，叫戀愛。

霸占這事，如果做得好，叫結婚。

粗魯冒失這事，如果做得好，叫新新人類。

掐人這事，如果做得好，叫按摩。

跑龍套這事，如果做得好，叫友情演出。

擺架子這事，如果做得好，叫有氣派。

回爸媽家討飯吃這事，如果做得好，叫看望父母。

前言不搭後語這事，如果做得好，叫跳躍式思維。

腳踏兩條船這事，如果做得好，叫慎重選擇。

聲東擊西 ——
炒小麥準備下種

　　聲東擊西，是忽東忽西，即打即離，製造假象，引誘敵人做出錯誤判斷，然後乘機殲敵的策略。在幽默上，是一種更加含蓄迂迴的幽默技巧。目標向東而先向西，欲要進擊先後退。在利用幽默的語言來回擊或反駁一些錯誤觀點的時候，這種技巧的運用特別有力。

　　王二特別喜歡跟別人借東西，而且是屬於那種借東西但用完後又從來不及時歸還的人。鄰居們都找藉口不想借給他東西用。

　　有一天，王二來到鄰居王五家，問：「王五哥，今天你們家要用拖車吧？」

　　王五早有準備，很乾脆的回答說：「是的，我們今天正好要用。」

　　王二接著高興的說：「太好了，這麼說你們家的自行車今天就不用了，正好借給我用用啊。」

　　明明是想借人家的自行車，為了防止對方不借，先提一個無關緊要的東西。等對方鬆懈後，再一舉拿到手。王二的聰明正在此，借到東西的同時也為我們帶來了樂趣。

　　在公車上，一個男子看到鄰座一位女子的腳上穿著一雙非常好看的絲襪，便羨慕的問道：「不好意思，打擾一下，請問妳穿的絲襪是什麼牌子？我想買一雙給我妻子。」

　　那女子十分詫異，打量了他一番後說：「我勸你還是不要買吧。」

　　那男子問：「為什麼呢？」

「如果穿上這種絲襪，壞男人都會找藉口和你妻子搭訕的。」

女子的聰明之處，在於不明說男人的不是，而是透過言其他而明此處，打消了男子的企圖。

一個真正有幽默感的人，不但要自己善於說，而且還要善於領悟別人的幽默。善於領會別人的幽默，也是一種智慧的表現。

一個算命先生的名氣很大。一個國王很殘暴，聽說後，找來他，替自己算一下。

國王問：「我哪天死？」

算命先生說：「在一個節日裡。」

「你敢這樣肯定嗎？」

「當然，」算命先生說，「因為不管你死在哪一天，對人們來說，這天都會是一個節日啊。」

國王很殘暴，盡人皆知，可是算命先生不直接說：「你是個暴君，你會遭到報應的。」而是透過說群眾的感受，國王的死對人們來說，不論那一天都是節日。來嘲弄國王的殘暴含蓄而幽默。

在日常生活中，這種聲東擊西的幽默方法可以詼諧的加以運用，以產生強烈的幽默效果。

延伸閱讀

阿凡提是一個非常有智慧的人，而且還是個大幽默家。他的話大多屬於聲東擊西法的典型，而且顯得十分幽默。

一個窮人找阿凡提訴苦說：「我去年向巴依老爺借了一個熟雞蛋，今年卻要我還 300 個雞蛋。理由是蛋孵雞，雞生蛋。」

阿凡提與窮人一起告到了法官那裡。

聲東擊西—炒小麥準備下種

審理時，阿凡提遲遲不到。後來很晚才來的。法官問他：「你怎麼這麼久才來呀？」

「我在家炒小麥準備播種。」阿凡提說。

法官聽了哈哈大笑：「炒熟了的小麥播種後怎麼會長出麥苗來呢？」

阿凡提笑著說：「那麼巴依老爺的熟雞蛋怎麼會孵出小雞來呢？」

在這裡，阿凡提運用的就是聲東擊西的方法，說的是小麥，但意思卻是說熟雞蛋。

形褒實貶 ——
靶子以外的地方都打中了

看表面似乎是稱讚，但由褒而貶的轉化又是那麼奇特、意外，使讀者緊張的期待陡然化成虛無，形成大起大落的語言變化。這就是形褒實貶的幽默技巧。

著名歷史學者柳先生碰到一位年輕人。這位年輕人說：「線裝書陳腐不堪，對社會簡直沒有一點用處，我看一把火燒了算了。」

柳老知道了年輕人的用意，微微一笑，口氣平和的說：「你這個主意不錯，我很贊同。但我覺得還應該這樣做。要做須做得徹底。咱們來一個全國行動，把所有的線裝書通通付之一炬。不，這不夠，把所有線裝書全燒毀，世界各國圖書館被珍藏的線裝書也應該拿出來，統統燒光，不然它們『走私』進來，又會重新蔓延。而且外國許多學者，也不會孜孜不倦的鑽古紙堆了。否則，他們如果來訪，在經史子集上提出些問題，我們瞠目結舌，無言對答，豈不貽笑大方？」

年輕人聽後，面紅耳赤，只好匆匆的道別。

柳老當然不贊成燒掉線裝書，但是怎麼根除年輕人心理上的詬病呢？直說，當然不會有效果，那麼就來個反語吧？用形褒實貶的語言來對付。年輕人果然落荒而逃。

其實，生活中，像這樣的例子很多，比如下面這例：

某香菸推銷員站在市場上大喊大叫：「XX 牌香菸，芳香可口，防蛀牙，除百病……」

形褒實貶—靶子以外的地方都打中了

圍著看熱鬧的人群將信將疑。

突然，從人群中鑽出一個老頭，他幫著推銷員說：「其他好處我來補充：XX牌香菸還可使小偷不敢進屋、狗不敢咬。抽菸的人永不衰老……」

推銷員聽了大喜，連連向老頭致意，並希望他再向聽眾們解釋解釋。

老頭說：「很簡單，抽菸的人整夜咳嗽，小偷豈敢進屋？抽菸的人身體虛弱，走路拄著拐杖，狗敢咬嗎？抽菸的人易得肺癌，能活到老嗎？」

老頭在這裡用的就是貶話褒說的方法。他補充了一大堆所謂的「好處」，實質上是抽菸的一大堆壞處。既駁斥了推銷員的謬誤，又教育了圍觀的群眾，其幽默效果不言而喻。

可見，以褒代貶的說服技巧就是運用修辭中反話正說的方法，把要批評的話，從相反的角度，用表揚的形式表達出來。讓批評與諷刺帶有幽默效果，則需要經過充分的思考才能領悟其作用。幽默的發生是「從世界上有了些毛病，有了些醜態的時候起的。有了這些毛病和醜態，可是偏要蒙上一層漂亮的東西來哄人，於是為幽默創造了一個發生的環境。而很多時候，需要我們用幽默來進行諷刺和批評。」

某校一年級新生軍訓。一位學生因訓練不認真，三次打靶三次失敗，使全班團體總分成為全年級倒數第一。打靶回來時，班導師一拍這位學生的肩膀，笑著說：「嗨，三次你都『吃鴨蛋』，靶子以外的地方都打中了，也真不容易啊！」

老師不乏幽默的「讚揚」引得同學們的大笑，連這位學生也忍不住笑了。但笑過後，抓了半天後腦勺，很不好意思。

正如林語堂先生所說的，幽默不是板起臉孔來挑剔人家，專門說俏皮、奚落、挖苦、刻薄人家的話，「幽默在於同情，這是幽默與嘲諷之所以不同」。

一位做銷售的新手，在路上碰到一位老人，向他大訴其苦。「我做得不太好。」他說，「我每到一個地方就受人侮辱。」

　　老人覺得有必要幫助一下這個年輕人，便對他說：「那太糟了，我沒辦法了解那種情況。40 多年來我到處旅行推銷，我拿出來的樣品曾經被人丟到窗外，我自己也曾經被人扔出去過，被人推下樓梯，被人一拳揍在鼻子上。但是我比較幸運些，我從來沒有被人侮辱過。」

　　這位老推銷員運用反語和自我解嘲的方式，表達的卻是對年輕人的關心和同情。這種方式之所以有力量，在於它傳遞這樣一種重要資訊：這一切對於一個推銷員來說，都算不了什麼！從而給予對方戰勝困難的信心和力量。

延伸閱讀

　　某次考試，一個學生的作文很差。閱卷老師卻給了如下評語：「清似黃河，大有高山滾鼓之勢。」

　　複審者問其原因，老師答道：「請問黃河什麼時候清過？這裡明明是說文章濁嘛！再說高山滾鼓，發出的不是『撲通撲通』（不通不通）的聲音嗎？」

　　原來這位老師用的是形褒實貶的筆法。

故作大言 ——
男子漢，大丈夫，說不出來就不出來

故作大言就是暫時把自己想像得偉大一些，讓自己的想像自由的飛翔，然後把荒謬的內容掩藏在勉強的形式邏輯之中，使主客觀形成強烈反差。

人們的傳統心理是不欣賞口出狂言的人，而喜歡那些口齒木訥老老實實的人。但是，幽默的意識至少在形式上，或者語言的表層結構上，是與日常的道德意識不完全一致的。許多時候，在自我調侃的時候，把自己有限的缺點誇大到荒謬的程度，甚至明明很聰明，卻裝作連普通常識都沒有，說出一些顯而易見的蠢話來，更能顯出自己在智慧、教養和道德上的優越。

故作大言就屬於這種幽默方法。

先看一個例子：

一個祖母評價她孫子說：「我孫子比林肯總統還聰明。他現在才8歲，就已經會唸蓋茲堡演說詞了，而林肯到50歲時才會唸。」

蓋茲堡演說詞是林肯在南北戰爭期間所作的一篇著名演說。這位祖母在這裡把才學會唸短文的孩子，與在重大戰役之後，以驚人的簡短演說而震驚美國的著名總統之間的反差顯示出來，並透過這種反差突出祖母故作大言的樂趣。

叔本華說：「笑是觀念與實體之間的不協調。」在這個幽默中，結論與原因之間的不相稱，所突出的不是客觀的事實而是老祖母主觀的感情，

我們因迅速頓悟了兩者之間的反差，而感到自己對老祖母的同情和自己智慧的優越而發出輕鬆的微笑。

美國鋼鐵公司的董事長，剛任職的時候，有人問他對這個新職位的感想。他並沒有用謙虛謹慎的態度，而是說：「畢竟，這不像匹茲堡海盜隊贏了一場棒球。」

董事長說得很有分寸，並沒有顯得很傲慢，但是他也沒有掩蓋自己內心的得意。在美國，贏得一場棒球比賽在國民心目中的地位是非常高的，可是他覺得比起他的新職位來說，贏場棒球已經算不了什麼。把大話隱藏在曲折的暗示之中，因而顯得比較精緻。

故作大言的幽默，在相聲演員身上表現得特別突出，他們每每以大言不慚的胡吹引起人們的笑聲。明明不會唱歌而冒充內行。明明不懂外語而裝著很精通，結果弄巧成拙、狼狽不堪或者是歪打正著、偶然巧合而蒙混過關。

延伸閱讀

一個女人用擀麵棍追打丈夫，丈夫情急之下躲進床下。

女人生氣得用擀麵棍捶打著床板，大聲命令：出來！

丈夫回答：不出來！

女人：出來！

丈夫：不出來！

女人：到底出不出來？

丈夫：男子漢，大丈夫，說不出來就不出來！

文字遊戲—父進土，子進土，父子皆進土

文字遊戲 ——
父進土，子進土，父子皆進土

文字遊戲產生的幽默，其實就是把字的形、音、義按特殊的情境拆析與組合，使其產生新穎奇特的含義，平添詼諧滑稽、興味盎然的樂趣。

先來看以下例子：

（一）

提問：茉莉花、太陽花、玫瑰花哪一朵花最沒精神？

回答：茉莉花。

原因：好一朵美麗（沒力）的茉莉花。

（二）

提問：猩猩最討厭什麼線？

回答：平行線。

原因：平行線沒有相交（香蕉）。

（三）

提問：橡皮、老虎皮、獅子皮哪一個最不好？

回答：橡皮。

原因：橡皮擦（橡皮差）。

（四）

提問：布和紙怕什麼？

回答：布怕一萬，紙怕萬一。

原因：不（布）怕一萬，只（紙）怕萬一。

（五）

提問：鉛筆姓什麼？

回答：蕭。

原因：削（蕭）鉛筆。

（六）

提問：麒麟到了北極會變成什麼？

回答：霜淇淋。

原因：霜淇淋（冰麒麟）。

（七）

提問：從 1 到 9 哪個數字最勤勞，哪個數字最懶惰？

回答：1 懶惰；2 勤勞。

原因：一（1）不做二（2）不休。

（八）

提問：怎樣使麻雀安靜下來？

回答：壓牠一下。

原因：鴉雀無聲（壓雀無聲）。

（九）

提問：歷史上哪個人跑得最快？

回答：曹操。

原因：說曹操，曹操到。

（十）

提問：米的媽媽是誰？

答案：花。

原因：花生米。

文字遊戲—父進士，子進士，父子皆進士

經過不同的組合，使文字成為一種遊戲，幽默的意思就包含在裡面了。

中國古代也有類似的笑話：

有一人家非常迷信，凡事都要討個吉利。這一年，年三十晚上，父親和兩個兒子商議說：「我看堂上要貼一副新春聯，現在我們每人說一句吉利話，湊出一副春聯來。」兩個兒子都說好。

父親捋著鬍鬚，略一思索，說：「今年好！」

大兒子想了想唸道：「倒楣少。」

二兒子接著唸道：「不得打官司！」

唸完了，大家都說不錯，便由父親執筆，寫了一條沒加標點的條幅，貼在堂屋的正中。

不少人一看對聯，竟然讀成了：「今年好倒楣，少不得打官司！」

古人寫字不用標點，斷句不同，意思與原來的就完全不一樣。

再看一例：

從前，有個進士，十分高傲，不可一世。

一年春節，為了炫耀自己，便寫了一副對聯貼在大門上：

父進士、子進士，父子皆進士；

婆夫人，媳夫人，婆媳均夫人。

鎮上有個窮秀才，路過進士的家門，看見了這副對聯。靈機一動，想出一個好方法。到晚上，他見四下無人，悄悄來到進士門前將對聯改了幾筆。

第二天一大早，進士的門前圍了許多看熱鬧的人，他們都說：好對聯！好對聯！

門外的吵嚷聲驚動了進士老爺，他打開大門，一看，昏死過去了。原來，門前的對聯，已被秀才改成了這樣：

父進土，子進土，父子皆進土；

婆失夫，媳失夫，婆媳均失夫。

幾個小筆畫的改動，使原來的意思截然相反了，這就是文字遊戲帶給人們的樂趣。

文字遊戲不僅能在本意上帶給人們樂趣，在時間空間上也能帶來同樣的效果。

送牛奶的人在顧客家的牛奶箱裡發現一張紙條，上面寫著：

這段時間請不要替我送牛奶，因為我明天要出門旅行，我說的明天其實是今天，因為我是在昨天寫的這張紙條。

其實，大家都明白是什麼意思，可是，經過這麼一組合，卻產生了不一樣的效果，因為這樣組合讓幽默包含了進去。

文字遊戲還有一種，就是將文字進行對比，進而透過擬人化的語言說出他們的不同。

比如：

「可」對「哥」說：孩子他媽，別太慣孩子了，老拿腦袋頂著不累呀？

「木」對「森」說：幾天不見，哥玩上雜技啦。

「卓」對「桌」說：碰上大麻煩了吧，好好的，怎麼架上拐杖了呢？

「平」對「苹」說：兄弟，用點好的洗髮精吧，瞧你頭上髒的，都長草了。

「日」對「日」說：喲，我說朋友，幾天不見，胖這麼多？

「湯」對「燙」說：兄弟，快點回家吧，你們家後院起火了。

「丑」對「妞」說：好好和她過吧，我們這模樣的，找個女人可不容易呀。

文字遊戲—父進士，子進士，父子皆進士

「大」對「爽」說：孩子，這次考試一共才幾道題呀，你就給爸爸錯了四道？

「比」對「北」說：夫妻一場，何必鬧離婚呢！

「臣」對「巨」說：和你一樣的面積。我卻有三房兩廳。

「晶」對「品」說：你家難道沒裝修？

「呂」對「昌」說：和你相比，我家徒四壁。

「自」對「目」說：你公司裁員了？

「茜」對「晒」說：出太陽了，怎麼不戴頂草帽？

「个」對「人」說：不比你們年輕人了，沒根手杖寸步難走。

「兵」對「丘」說：看看戰爭有多殘酷，兩條腿都炸飛了！

「且」對「但」說：膽小的，還請保鏢了？

「由」對「甲」說：這樣練一指禪挺累吧？

「又」對「叉」說：什麼時候整的容啊？臉上那顆痣呢？

延伸閱讀

有一個商品推銷員去外地出差，辦完事後，想搭飛機回去，但又怕經理不報銷，便向經理傳了一則簡訊：「有機可乘，乘否？」

經理接到簡訊，喜出望外，以為成交時「機」已到，便立即回信：「可乘就乘。」

這個推銷員出差回來報銷旅差費時，經理以不夠級別，乘坐飛機不予報銷的規定條款，不同意報銷飛機票費。

推銷員拿出經理的短信，經理目瞪口呆。

機智遊戲 ——
拿點魚去餵餵我的馬

　　機智遊戲需要把理性智慧和感官的情感相結合，由於這種遊戲能產生許多特殊的意外，給人某種心理預期的失落，從而產生趣味性。

　　機智遊戲法是智慧和情趣相結合的產物，人們在社交活動中能發揮出來，因而為人們所欣賞。

　　有一天，卓別林帶著一筆錢在鄉間小路走著。突然，從路旁跳出一個蒙面強盜。拿槍指著卓別林，讓他把錢交出來。卓別林急忙對他說：「先生，錢可以給你。但是請你在我的帽子上開兩槍吧，不然我回去無法向主人交代。」

　　強盜答應了他，掏出槍「叭叭」兩下。

　　「再在我的衣襟上開兩槍吧！」卓別林又說。

　　「叭叭」兩聲，強盜又照做了。

　　「最後，請您再在我的褲腿上打兩個洞，拜託了！」強盜一聽，不耐煩的提起槍，又在褲腿上給了兩槍。

　　卓別林知道強盜的手槍裡再也沒有子彈了，便一腳把他絆倒，飛也似的跑了。

　　空手挑戰持槍的強盜，無疑是愚蠢的。卓別林的機智，在於他沒有與強盜直接發生衝突，而是與其做了一場小小的遊戲。遊戲的結束，便是他的勝利。不過，能遇到這樣「菜」的強盜，也是這場遊戲得以進行的前提。

　　機智遊戲法的目的是為創造幽默服務的，讓人感到你既有高超的機

智,又有人令人愉快的幽默感。因此,機智遊戲法是情趣勝於理趣。

理趣是有限的,欣賞時要求對方具有同樣的推斷能力和速度;情趣不同,一望而知,一目了然。而且人的情感是自發的,因此,一個人的情趣能與一切感覺能力正常的人溝通。

此外,在機智遊戲中,人們也有攻擊性或有其目的性。

一個旅行者騎馬趕路,途中遇上了一場大雨。當他趕到一家小客店時,渾身已經溼透了。但客店裡積滿了人,他無法走近火爐前。於是他對老闆說:「拿點魚去餵餵我的馬。」

老闆很奇怪:「馬不吃魚呀!」

這人說:「你去餵就行了。」

老闆只得拿魚去餵馬,客店裡的人也都跟著前去看個究竟。這人如願以償的坐到了火爐旁。

旅行者一個小小的機智遊戲,就使眾人上當。雖然在情感上是對他人的攻擊,但由於他的幽默感,使眾人反而感到自己的愚蠢可笑。

延伸閱讀

老師在某班級發現了幾個菸頭,於是決定將該班的男同學逐個叫到辦公室審訊。

(一)

老師:你吸菸嗎?

男生甲:不吸。

老師:不吸?嗯,吃根薯條吧。

甲很自然的伸出兩根手指夾著接過來……

老師:還說不吸?叫家長來……

（二）

老師：吸菸嗎？

男生乙：不吸。

老師：不吸？嗯，吃根薯條吧！

乙由於聽到甲的情況，所以很小心的用手掌接過了薯條。

老師：不蘸點番茄醬嗎？

乙一不小心蘸多了，於是馬上用手指彈了彈……

老師：彈菸灰的姿勢很熟練嘛。叫家長來……

（三）

老師：吸菸嗎？

男生丙：不吸。

老師：不吸，好，吃根薯條吧。

丙因有前面兩個例子，很小心的流著汗吃完了薯條。

老師：不帶一根回去給同學嗎？

丙接過薯條後順手就夾在耳朵上……

老師：叫家長來……

（四）

老師：吸菸嗎？

男生丁：不吸。

老師：很好，吃根薯條吧。

丁心驚膽戰的吃完了薯條。

老師：不帶一根回去給同學嗎？

丁又小心的將薯條放到了上衣口袋裡。

老師突然大喊一聲：校長來了！

機智遊戲—拿點魚去餵餵我的馬

丁趕忙從口袋裡取出薯條扔在地上，用腳使勁的踩……

老師：叫家長來……

標新立異 ──
左邊那個紅頭的，中間那個斑馬紋頭的

說出別人想不到的語言，表達別人想不到的含義，這是幽默的宗旨，即所謂的標新立異。出奇制勝，往往會使語言具有特殊的說服力，達到更好的溝通效果。

看過電視節目的人，應該會對一些主持人的主持風格記憶深刻，在一笑一顰中，總是能為參賽者和觀賽者帶來極大的樂趣，原因在於，主持人能夠說出其他人想不到的話語，表達別人想不到的含義。

來看一些例子：

（一）

我教歷史也是有歷史的！在我教歷史的歷史上，你們兩個，真可謂是「歷史奇蹟」！今天，我再跟你講一次，歷史！如果你們還是學不會歷史，我就讓你們倆成為歷史！

（二）

醫生：小姐今年多大？

主持人：大夫，您這太沒禮貌了，哪能問女士的年齡。

醫生：但在醫生面前是沒有什麼祕密的。

主持人：那您猜。

醫生：應該 19 吧？

主持人：呵呵，剛過完 18 歲生日。

（三）

主持人：這茶收不收錢？

選手：不收錢。

主持人：不收錢的不喝。

選手：好，收錢，888 塊一杯呢，多貴啊。

主持人：說晚了。

（四）

主持人：你能讓這隻孔雀把嘴閉上嗎？

主持人：跳得不錯，這隻孔雀一直在吃吃喝喝。

主持人：很好，你跳出了老鷹的氣勢！

（五）

選手對外國小朋友說：Can you speak Chinese?

外國小朋友說：Yes, I can.

主持人：你問人家會不會說中文做什麼？

選手：她要是說不出來，也許就用中文說了呢！

主持人：那好，（對外國小朋友說）如果她要是再問你會不會說中文，你就告訴她「對不起，我不會」。

這些對話，是不是很有意思？

事實上，所有的幽默都有「出其不意」的特點。否則，就會顯得平淡無奇，達不到幽默的效果。

我們再來看人們是如何把標新立異法運用到廣告上的。

漢堡的馬特廣告公司被認為是德國最鋒芒外露的廣告公司，他們做的廣告標新立異，並具有刺激性。該公司曾這樣為一輛敞篷車做廣告：

桌子上有幾個紙盒子，寓意是，「我們生活在盒子裡，我們工作在盒

子裡，最後如果一切都了結了，就會又回到盒子裡，而我卻寧可不選盒子而選擇敞篷車。」

正因為他們越來越成功的運用幽默和富有情感的語言，使公司成為行業中的佼佼者。

所以說，能夠提出新的見解，說出與大家不同的語言，並用幽默的方式表現出來，一定會產生不一樣的效果。

延伸閱讀

學生今年流行染髮。校內到處充斥著全染、半染、挑染的腦袋，有金色、白色、黃色的，色彩比天空的彩虹還有多。這可引發了一片的口水。

年輕教授不以為然，覺得有趣，而且學生的名字實在難記，這下可好，大家都不同的髮色，方便上課點名，如：左邊那個紅頭的，中間那個斑馬紋頭的……青春本來就是五彩繽紛的。

老教授卻納悶：我三天兩頭還要染一次的黑髮，你們倒好，黑亮亮的頭髮不要，卻要標新立異。特別是那個把頭髮染成白色的，看上去比我還上年紀！

學校的髮廊可樂歪了，紛紛打出染髮的招牌廣告，還改了理髮店的名字，開始叫「三原色」、「五彩繽紛」，後來因為色彩的需求，乾脆改名叫「百顏千色」、「萬種『色』情」之類。

學校發出通告：請大家不要將頭靠近高溫較熱的地方，以免引燃。敬請注意！

學校也要求大家隨身攜帶個人身分證件，隨時隨地進行檢查，防止校外不良人員流竄到校內行凶，特此通知！

連學校的餐廳也來插上一腳：最近有些同學的髮質枯黃，並非餐廳飯

標新立異—左邊那個紅頭的，中間那個斑馬紋頭的

菜不良所造成，請大家放心在餐廳用餐。

　　學校的上層注意到這個問題，會議討論結果，染髮對學校的校風校紀學風學氣有負面的影響，下令禁止一切染髮！

旁敲側擊 ——
打死賣鹽的啦

在旁邊和側面敲敲打打，是謂「旁敲側擊」，比喻說話和寫文章不從正面闡明本意，而是用若明若暗的語言影射、暗示。由於運用旁敲側擊法時，謎底被深深的埋藏在幽默的話語下面。所以，運用這種幽默技巧，不但自己要能夠抓住話語與謎底之間的微妙關聯，而且要讓對方知道這種關聯。

一天，小明到小語家吃飯。菜端上來，小明嘗了一口，說：「打死賣鹽的啦！」小語忙問：「菜太鹹嗎？」他笑著點點頭。

一夥人去餐廳吃飯。一碟菜端上來，看菜量實在少。其中一個對店老闆說：「這碟子太大。」店老闆立刻明白了他們的意思，忙說了幾句解釋的話。

以上兩種是旁敲側擊幽默法在日常生活中的運用。這種不正面說的、繞個彎的話，在作家筆下是常見的，尤其是幽默的文章裡。

祕魯作家里卡多‧帕爾馬（Ricardo Palma）的《祕魯傳說》裡寫道：

當然，也有色膽包天的人，想用手衡量一下女孩的苗條的腰肢有多少寬，但是她憤怒的咬著嘴唇，舉起一隻渾圓而美麗的小手，懲罰了無禮者。

馬克吐溫在〈田納西的新聞界〉裡寫道：

兩把手槍同時砰砰的打響了，主筆被打掉了一撮頭髮，上校的子彈在我的大腿上多肉的部分終結了它的旅程。……

旁敲側擊—打死賣鹽的啦

另外一槍打中了上校的要害，他很幽默的說，現在他應該告辭了，因為他還有事情要進城去。於是他就探聽了殯儀館的所在，隨即就走了。

這種遊戲的筆墨，怎麼不使故事生動而有趣呢？

運用幽默的語言來回擊對手，當需要批評或提醒對手而又不便直接向對方提出時，便可考慮使用這種幽默風趣的語言旁敲側擊。從側面提出一些看似與談判主題無關的話題，以此來達到啟示、提醒、警告等目的。

1969 年一天，美國國務卿季辛吉（Henry Alfred Kissinger），就越南戰爭問題與蘇聯駐美國大使多勃雷寧（Anatoly Dobrynin）舉行會談。

談判正在進行時，尼克森總統向季辛吉打來電話，接完電話之後，季辛吉對多勃雷寧說：「總統剛才在電話裡對我說，關於越南問題，列車剛剛開出車站，現在正在軌道上行駛。」

老練的多勃雷寧試圖緩和一下氣氛，機智的接過話頭說：「我希望是駕飛機而不是火車，因為飛機中途還能改變航向。」

季辛吉立即回答道：「總統是非常注意選擇詞彙的，我相信他說一不二，他說的是火車。」

在這場談判中，季辛吉巧用火車與飛機的比喻，幽默的對對手進行旁敲側擊，既鮮明、堅定的表明了自己的立場，而語氣和態度又不是顯得十分強硬，令對手容易接受。可見，在談判中運用這種手法，既能使談判輕鬆活躍，也能向有利於自己的方向發展。

再看一個生活中的例子：

一位顧客坐在一家高級餐廳的桌旁，把餐巾繫在脖子上。

餐廳經理看到了，很無奈，便叫來服務生說：「你讓客人明白，在我們的餐館裡，那樣做是不允許的，但話要說得盡量委婉些。」

服務生來到那人的桌旁，很有禮貌的問：「先生，您是要刮鬍子，還

是理髮呢？」

顧客一聽，立刻意識到自己的失禮，趕快取下了餐巾。

表面上看，服務生問了兩個與餐廳服務毫不相干的事「刮鬍子和理髮」，似乎服務生問錯了，而實際上則是透過這種風馬牛不相及的幽默來提醒這位顧客弄錯了。

這樣做，既讓顧客意識到了自己的失禮之處，又做到了禮貌待客，不傷害客人的面子，可以說一舉兩得，這就是旁敲側擊的幽默技巧。

當然，在運用這種幽默技巧的時候，可以從正面、反面、側面多角度的想一想，尋找出可以使對手得到啟示的多種不同的表達方式，選擇其中一種最好的，達到預期的目的。

延伸閱讀

一個老人去做健康檢查。

檢查過程中，老人不斷向醫師炫耀，他新婚的妻子有多好。

老人非常興奮的說：「她才二十五歲！黏我黏得我都感到厭煩了！」

「而且，」老人又說：「她最近還懷孕了！」

醫生靜靜的聽著。

老人得意洋洋的說：「不錯吧！」

醫生抬起頭，看他一眼，緩緩的說：「這讓我想到一位失散多年的朋友。」

「他跟我說過一個故事，是他在非洲狩獵時遇上的故事。當時，他在草原上，遇到一頭獅子。他立刻從背上抓下槍來瞄準。然而，他立刻發現拿到的是雨傘，不是槍。可要換槍已經來不及了。獅子就站在他面前，要撲過來。」

旁敲側擊—打死賣鹽的啦

他於是把雨傘扛上肩，使盡力氣大叫了三聲：「砰！砰！砰！」

奇蹟發生了，那獅子竟然倒下來，死掉了。

「這怎麼可能？」老人大叫，「那一定是別人做的！」

「我也這麼覺得。」醫生說。

故弄玄虛 ——
牛在哪裡？牛都走了！

利用對方預期轉化的心理，巧設懸念，解釋懸念，出奇制勝，但其解釋在真理與歪理之間的方法，就是故弄玄虛法。

來看一個例子：

從前有個縣官，外號叫「刮地皮」。他聽說有個畫家畫得一手好畫，便拿了一張白紙讓畫家替他作畫。

畫家本來不願意替他畫，後來被他催急了，就在那張白紙的一角上寫了「草地牧牛圖」五個字，把紙一捲，送給了縣官。

縣官很高興，立即把紙打開。可是左看右看，除了「草地牧牛圖」五個字外，什麼都沒有。

縣官向：「草地到底在哪裡？」

畫家說；「牛早就把草吃光了！」

縣官問：「可是牛呢？」

畫家說：「牛走啦！草都吃光了，牛還留在這裡做什麼呀？」

故弄玄虛的奧祕就是利用對方預期轉化的心理，不是不給人一種雙重轉化，而是相反，故意給他一個沒有轉化的謎底，讓他期待對轉的心理落空，恢復到常態。

畫家正是運用這種招數，使縣官的心理預期產生落空，既諷刺了縣官的貪婪本性，也產生了幽默效果。

幽默通常總有個落差，總是讓人們領悟到與原來期待不同的東西。笑

故弄玄虛─牛在哪裡？牛都走了！

是在期待後產生的。久而久之，一旦產生幽默的情景，人們期待十分出乎意料的謎底，這就形成了一種心理習慣，心理學把這叫做「心理定向」。

這是幽默的正格，但是幽默不拘一格，像任何其他事物，有正格意味必有破格，有預期的失落，必有預期失落的失落，故弄玄虛就屬於這種破格。

法國寓言家拉封丹（Jean de La Fontaine）習慣於每天早上吃一個馬鈴薯，有一天，他把馬鈴薯放在餐廳的壁爐上熱一熱，可轉眼間卻不翼而飛了。他不知道是誰拿走了。

於是，他大聲叫喊起來：「我的上帝，是誰吃了我的馬鈴薯，請告訴我，是誰吃了我放在壁爐上的馬鈴薯！」

傭人聽到叫喊聲，匆匆趕來，說：「不是我。」

「那就太好了！」

「先生為什麼這樣說？」傭人問。

「因為我在馬鈴薯上放了砒霜，想用它毒老鼠。」

「啊！我中毒了！」

拉封丹笑了：「放心吧，我不過是想讓你說真話罷了。」

這裡，拉封丹用的正是故弄玄虛的方法，從心理預期來說是雙重的失落。第一次是僕人說自己沒有吃，而拉封丹說太好了，僕人有輕鬆的預期，結果卻轉化為非常嚴重的後果；接著又來了一個對轉，預期的危險完全消失。這是雙料的故作玄虛幽默。

故作玄虛的幽默構成，主要有兩個環節：

首先，構成一個玄虛的，不存在的懸念，這個懸念可能看起來是非常可怕，後果嚴重，但實際上是沒有什麼大害處的，表面上的荒謬性與實際上的無害性之間的反差越大，喜劇性越強。

其次，為玄虛的懸念尋找巧妙的歪曲的解釋，從某種意義上講，尋求歪解比構成懸念更能顯示出作者的智慧和情趣。

延伸閱讀

有一天，小章發現路上開了一間新書店，就走了進去。一進門，發現屋子裡面一片黑，沒有一個人。

喊老闆，但沒人回答，小章就自己翻書看。過一會，他決定買一本叫《不可思議》的書，又大聲喊了老闆。

這次從書店後面出來一個眼神空洞的老先生。小章問多少錢，他說350元，他的聲音也怪怪的。小章掏了掏口袋發現只有320元，就對他說：「抱歉，我只有這麼多。」

他說：「那就算你320吧！」但是他又接著說道（聲音低低的）：「你回家後絕對不可以翻開最後一頁，不然會⋯⋯嘿嘿嘿嘿⋯⋯」他的笑聲陰森森的。

小章趕緊抱著書跑了出去，回到家後把書放在書桌上，晚上睡覺時忘了關窗，風從外面吹了進來，把書吹到了最後一頁！他突然醒來，發現書已翻到最後一頁，非常驚慌，馬上迅速的把書合起來。

但是老是睡不著了，因為他非常好奇，最後一頁到底寫了些什麼呢？最後忍不住翻開書，卻發生了一件非常恐怖的事！他看到書上寫著 —— 原價250元。這還不是最恐怖的，最恐怖的是下面還寫著 —— 特價100元！

怒中尋趣 ——
那面鏡子你先用後面，我再用前面

不管多憤激的語言，只要把它誇張到非常荒誕的程度，憤激的情緒就可能「緩和」，轉向詼諧，因為荒誕到極點有了虛幻性。

人在憤怒時，總是直接針對所要攻擊的對象，一旦攻擊，輕則怒目而視；重則惡意謾罵，大動干戈。而有幽默感的人則能化怒為趣。幽默是一種寬容大度的表現，幽默家的本領不是放任自己怒氣沖天，而是抑制怒氣，化解怒氣。

電影開始後，燈剛熄滅，一個小偷把手伸進了羅成的口袋裡，被羅成發現了。

小偷狡辯說：「對不起，先生，我想掏手帕，掏錯了，請原諒！」

「沒關係。」羅成平靜的回答。

緊接著，「啪」的一聲，小偷臉上挨了一記重重的耳光。

「對不起，我想打蚊子，打錯了，請原諒！」羅成滿含歉意的說。

憤怒離幽默很遠，當感情僅僅被傷害對方的意向所控制，就很難從中解脫出來，更不可能從另一方面著想，去考慮對方的自尊或對對方的愚昧做悲天憫人的退讓，更不可能對自己做冷靜的審視、自我調侃。所以，只有具有幽默感的人才能化怒為趣。

一個年輕人每天晚上在麗麗住家對面的窗口用望遠鏡看她，這使她很生氣。

這天清晨，麗麗便打電話給那位年輕人。

「你好！我就是住在你對面的女生，你還記不記得？我能不能問一下，昨晚我把長筒襪脫在哪裡了？」

真是位聰明的女孩，風趣而幽默，她不罵他偷看，卻問他她的襪子脫在哪裡了，淡淡的諷刺中滿含幽默。

再來看一個例子：

有一天，王老頭在自家街口買了一條圍巾往回走，碰到鄰居的一位女孩，她也買了一條，並高興的對王老頭說，她今天買了一條漂亮的圍巾，只花了 300 元。

王老頭聽後很生氣，轉身去找那擺攤的年輕人。

「老闆，你剛才把圍巾賣給女孩 300 元，賣給我 600 元，是什麼道理？」

「因為她是我的親戚，你知道嗎？」

王老頭二話不說，又拿了一條圍巾就走。

年輕人緊追上前：「你怎麼不給錢就走？」

「因為我們是親戚，我是那女孩的爸爸！」

年輕人啞口無言。

王老頭怒中生智，抓住時機，歪打正著。年輕人的話是想用親戚堵住王老頭的嘴，王老頭同樣用「親戚」來達到自己的目的。這樣以假對真，產生一種荒誕，荒誕到極點，可笑的特點就淹沒了令人惱火的特點。

英國傑出首相邱吉爾。有一次碰到了他的死對頭阿斯特夫人（Lady Astor）。

阿斯特夫人對他說：「邱吉爾，如果你是我丈夫，我會把毒藥放入你的咖啡裡。」

邱吉爾笑著說：「夫人，如果我是妳的丈夫，我就會把那杯咖啡喝下。」

怒中尋趣—那面鏡子你先用後面，我再用前面

邱吉爾趣從智生，怒息巧出，把幽默的奇效表達得淋漓盡致！

以憤怒轉向詼諧是很困難的，如果荒誕達不到這樣的極端，是不能令人在怒火中燒之餘笑出聲來的。

有一次，阿凡提與一書生外出趕考，住在一家客店。因忙於趕路，清晨兩人就梳洗起來。可是店裡只有一把梳子和一面鏡子。書生嫌阿凡提髒，便有意戲弄道：「梳子你先用左邊，我後用右邊。」

阿凡提一聽很生氣，瞧了瞧梳子，說：「那面鏡子你先用後面，我再用前面吧！」

書生無言以對。

人際互動是非常複雜的，有時候使對方轉怒為笑不是一件簡單的事，並非只要你荒誕一下，對方的情緒就可以一百八十度的大轉變了，這還得有其他條件配合才行。

小兵下班回家。

鄰居怒氣沖沖的對他說：「你的兒子用石頭丟我們家的玻璃窗。」

小兵說：「投中了嗎？」

鄰居說：「幸虧沒有投中。」

小兵說：「那不是我兒子，他是百發百中的。」

原來小兵兒子並不在家，而是去外婆家了。

有了最後這個條件，對於外面突如其來的攻擊，才會臨危不亂，充滿了反擊的信心，一旦對方明白，彼此就會從原來的憤怒心情解脫出來。

德國大詩人海涅（Christian Johann Heinrich Heine）是猶太人，常遭到無理攻擊。一次晚會上，一個旅行家對他說：「我發現了一個小島，島上竟然沒有猶太人和驢子！」

海涅鎮靜的說：「看來，只有你和我一起去那個島上，才能彌補這個缺陷！」

俏皮風趣 ——
上帝怕你做壞事，派我來監督你

在普通老百姓的日常生活中，俏皮話使用得非常多。只要你注意聽，隨時都會聽到俏皮話。俏皮話就像一場情景喜劇，它「俏」裡透著機靈和聰慧，「皮」裡藏著詼諧和滑稽，就像一個粉墨登場的小丑演員，一出場就使人忍俊不禁。

據說，當年馮將軍想娶一位夫人。這意圖透過新聞傳媒公布了出去。於是，名門閨秀、摩登女郎紛紛趕來「應徵」。選聘夫人這種事完全委託祕書來代理自然不妥，馮將軍親自出面進行「面試」。「面試」的問題也並不難，只有一道：「妳為什麼要和我結婚呀？」

第一個答道：「因為您是個大英雄，我愛慕英雄！」第二個答道：「因為您是大官，和您結婚就是官太太。」

第三個……

來者不少，但面試結果卻令馮將軍非常失望，這種依附型心理的女性不是他喜歡的。

這時，李女士出現了。且不說氣質不凡，回答問題也石破天驚，讓人嚇一大跳：「上帝怕你做壞事，派我來監督你！」

李女士的俏皮風趣馬上征服了馮將軍，二人很快便結下了百年之好。

李女士的回答俏皮風趣，脫穎而出。「上帝怕你做壞事，派我來監督你！」這既需要足夠的膽識與魄力，又要有十分的機智和詼諧。

俏皮話在工作生活中是無處不在的。

課堂上，一位老師要學生演一演小魚兒應該怎麼游。學生齊讀課文，並加上表演。其中有一個學生動作呈神龍擺尾狀幅度較大。

老師說：「啊，我在小魚兒中間，發現了一隻大鯊魚。小魚兒應該怎麼游啊？」

一句話，引得臺上、臺下哄堂大笑。

老師幽默而巧妙的言語，及時給予了學生糾正，且不露痕跡，真正做到了「潤物細無聲」。

有個老師對學生寫不好省略號而大傷腦筋，在一次作文講評時，他問學生：「你們見過小山羊嗎？」

有的學生回答說：「見過呢。」

有的學生則搶著說：「電視中有。」

這個老師接著說：「有的同學寫的省略號，稀稀拉拉的，像小山羊拉屎——很難看！希望你們不要做小山羊。」全班的同學都笑起來。

在緊張而繁雜的課堂教學中，突然不失時機的說幾句「俏皮話」，不僅鬆弛了彼此的神經，反過來，學生也能在輕鬆一笑中領悟到老師用心之良苦。

此外，情侶、夫妻之間，如果來點「俏皮話」，也會收到變平淡為新鮮、化腐朽為神奇的功效。

某年輕男孩搭乘火車去女友的家中結婚，但他乘坐的那班列車誤點了。他在車裡坐立不安，便發簡訊給未婚妻說：「親愛的，火車誤點，在我到達之前請妳千萬不要結婚！」

也許所有的安慰之詞都比不上這樣的幽默。新郎沒有按時到達，新娘肯定也結不成婚；而且新郎遲遲不到，新娘也焦急萬分。年輕男孩的這句俏皮話，不僅讓新娘安下心來，也為她帶去了歡樂。

還有一個更俏皮的小段子：

晚上，忙碌了一天的夫妻倆上床睡覺。當老師的丈夫忽然若有所思的說：「我們學校新來一個大學生，名叫張曉展，說話不標準的人喊他的名就變成了『張校長』。我姓賈，將來我們有了兒子，就取名賈曉展，等他上了學，別人喊他時會想：哇！好棒啊，這麼小，還在讀書就當校長啦！」

看著丈夫一副自我陶醉的樣子，妻子幽了他一默：「校長算什麼，我看不如叫賈施展（市長）、賈伸展（省長），你就等著當老太爺吧！」丈夫還在洋洋得意，妻子卻滿臉嚴肅的說：「我們姓賈，校長、市長、省長都是假的！」

還有比這位妻子更有幽默細胞的女人嗎？丈夫在開懷一笑之後，定會有所思悟吧！

在一般的生活中，很難有像喜劇演員、相聲家、漫畫家等專門說笑話使人發笑的人。但是如果平時細心觀察人們有趣的言語、行為，就會有所覺察和發現。

郁達夫有一次上餐館吃飯，吃完飯付錢時，把鞋子一脫，從鞋底抽出一疊錢。店小二見了大為驚奇，郁達夫付之一笑：「這東西過去壓迫我，我現在也要壓迫它。」

生活中的幽默真的是無處不在，俏皮風趣的幽默，只要你的口才佳、頭腦轉得快，信手就可以拈來。做個有心人，多留意一下自己周圍的生活環境，你會發現生活色彩斑斕、千姿百態，到處都有幽默的舞臺。在生活中適當的運用幽默語言，會為你的說話風格增添異彩，令你的人際關係和諧融洽。

　　有一個人向諾貝爾文學獎得主海明威求教：「你作品中的語言如此簡潔，有何祕訣？」

　　海明威聽後，不動聲色答道：「有時我餓著寫，肚子咕咕直叫；有時站著寫，只用一隻腳踏著地；有時在寒冬故意只穿一件衣服，邊寫邊抖，這些不愉快的感覺使我不得不盡量少寫一些多餘的話。」

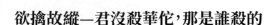

欲擒故縱——
君沒殺華佗，那是誰殺的

欲擒故縱就是先假定對方的觀點是正確的，然後合乎邏輯的推出荒唐可笑的結論，簡言之為引申歸謬，設真推假。這種方法在不便直說或不願說明的場合下都可使用，關鍵就在於處理好「縱」與「擒」的關係。

「縱」的語言要設計得巧妙，要達到表面上看起來是縱，實質上卻蘊含著擒的內容。既可以先縱後擒，也可以縱中有擒，縱擒合一。

據邯鄲淳撰《笑林》記載，有一位下級官員準備去拜訪本地縣官，為了投其所好，他動身前問了隨從：「縣令最喜歡讀什麼書？」

有人告訴他：「最喜歡《公羊傳》。」於是興致勃勃的去了。

縣令剛一接見他，挺友好的，問：「君讀何書？」

官員想，所問正不出我所準備，便笑著說：「唯業《公羊傳》。」

不笑則罷，一笑答出問題來了：「唯」，專的意思，是說其他的書一概不獨，這很少見。「業」者，深研細究的意思。縣官推想：這老兄像是一位研究《公羊傳》的專家，便試著提了一個問題，神情也許稍微嚴肅了點：「華佗是誰殺的？」

下級官員一下子緊張起來，他之所以緊張，並不是答不上來問題，而是他已經進入了另一個境界 —— 公堂犯罪被審的境界。思考了一陣，他才回答說：「不是我殺的。」

馬腳全部露在外面了，縣官決計將玩笑開到底：「君沒殺華佗，那是誰殺的？」

在被問者聽來，此語無異於「人證物證俱在，你還想抵賴？」三十六計，走為上，於是這位官員只好惶惶如喪家之犬，「跌足先去」。

縣官一問就試出了這個不學無術的官員，但他並不急於點明，而是繼續演繹，從而形成一種幽默。

還有一則導演與觀眾的幽默笑話，聽起來也很有意思。

導演問：「你們對我拍的電影有什麼看法？」

觀眾說：「很不錯呀！大家都說您拍的電影總是說出觀眾所想，與我們的欣賞水準非常一致。」

導演問：「那為什麼經常出現這種情況，影片沒放完，人就走得差不多了呢？」

觀眾說：「因為影片怎樣結尾，我們早就料到了，導演和我們心有靈犀一點通。」

明明想說導演的水準拙劣，不能拍出觀眾喜愛的電影，卻不直接說，而是「縱」說，來說導演和觀眾的水準差不多，幽默詼諧一覽無遺。

這樣的否定雖然很好笑，但是還缺少強烈的對比。如果想要誇大喜劇成分，還可以透過另一種方法，就是在矛盾對轉前強調即將轉化的矛盾，能達到更佳的幽默效果。

有一個叫王二的人，整天沉溺於酒精之中，朋友多次勸解，他也不聽，卻說：「我本來就打算戒掉的，只不過最近兒子出門辦事沒有回來，每天盼望，只能借酒澆愁。只要兒子回來，我馬上就戒掉。」

朋友說：「那麼你今天發個誓，我才相信你。」

王二便指著天發誓說：「兒子回來，我如果還不戒酒，就用小酒杯把我噎死，在大酒缸中悶死，跌在酒池裡泡死，掉在酒海裡淹死，罰我生作酒糟之民，死作酒糟之鬼，在酒泉之下，永世不得翻身。」

朋友聽完他的誓言，問：「你兒子做什麼去了？」

王二說：「到杏花村幫我買酒去了！」

一再強調戒酒，並且發誓把話說絕，最後卻被兒子買酒之事全部推翻，欲擒故縱，欲抑先揚，語義跌宕，笑料頓出。

延伸閱讀

孩子在父母的朋友面前彈奏了幾段鋼琴曲，母親興高采烈的向客人們說：「我的兒子在音樂領域簡直是個神童，他才學了一年鋼琴，能彈成這樣，很不錯吧？」

有位客人說：「是的，他彈得太好了。真應該讓他到貝多芬面前演奏一番。」

「真的嗎？」

「真的，因為貝多芬已經聾了好多年了。」

同因異果 ──
耳朵大福氣好，命也大

在通常情況下，相同的原因會產生相同的結果，不同的原因會產生不同的結果。如果同樣一個人、同樣一件事，同樣的原因和條件下，卻產生不同的結果，從正常的道理來講，這是不合邏輯的。而對於幽默的構成來說，情況卻大不相同，越是同因異果，越能構成幽默。

某人自稱會看相。一天，他對朋友說：「我的朋友，你將來肯定沒什麼福氣，也不會長壽。」

朋友很吃驚，問道：「你怎麼知道？」

那人說：「你的耳朵特別小，自古以來，相書上都說耳朵大的命長、福氣好。」

朋友笑著說：「你的意思是說，豬的福氣大、壽命也長！」

「耳朵大小」是這次對話的前提，而這個前提有變換性，不單對人而言，因此，朋友就抓住這個漏洞，將推理轉移到了豬身上，顯示出了荒唐性和幽默性。

愛因斯坦初到紐約，在大街上遇見一位朋友，這位朋友見他穿著一件舊大衣，勸他更換一件新的。愛因斯坦回答說：「沒關係，在紐約誰也不認識我。」

幾年後，愛因斯坦名聲大振。這位朋友又遇見了他，他仍然穿著那件舊大衣。這位朋友勸他去買一件新大衣。愛因斯坦說：「何必呢，現在這裡的每一個人都認識我了。」

同因異果—耳朵大福氣好，命也大

　　愛因斯坦的過人之處不僅在於淡泊，還在於肯定相同衣著時，用了形式上看來是互不相容的理由。以不變應萬變，不管情況怎麼變化，行為卻一點也不變。

　　同因異果的實用價值，在於它讓你在極端變化的情況下，總能找到有利於自己的理由，哪怕互相反對的理由，也都能為己所用。

　　當然，這種方法的功能不但用於鬆弛人與人之間的緊張關係，有時也可以用作相反的目的，使人與人之間的關係保持緊張。

　　在一次酒會上，馬克吐溫說：「美國國會中有些議員是狗娘養的。」記者把馬克吐溫的話公之於眾，國會議員大為憤怒，紛紛要求馬克吐溫澄清或道歉，否則將訴諸法律。

　　幾天後，馬克吐溫向聯邦國會議員道歉的啟事在《紐約時報》上登載出來，文中說：「前日本人在酒席上說有些國會議員是『狗娘養的』並不妥當，故特登報聲明，把我的話修改如下：美國國會中有些議員不是狗娘養的。」

　　馬克吐溫的幽默之處正在於，雖然表面看來是否定自己的說的話，實質上卻是表明自己說的話沒有錯。實際上馬克吐溫是做了一個概念遊戲，「有些是」就意味著有些不是，而「有些不是」則意味著有些是，在形式上是從肯定到否定，而實際上是否定暗示著肯定。

　　用中文玩這種概念遊戲很方便。因為在中文裡有許多在語言形式上是否定的，可是其真正的含義卻與肯定形式完全相同。

5 歲的男孩親了同歲的女孩一下，女孩天真的說：「你可要負責哦，將來一定要娶我哦！」男孩被女孩逼著打勾勾發誓才算沒事。

15 歲的男孩親了同學一下，女孩給了男孩一個大耳光。後來這事被老師知道了，男孩被迫在家休學一個星期。

20 歲的男孩親了女孩一下，女孩飛起一腳，踢得很厲害，男孩被迫在家休養了半個月。

25 歲的男孩親了女孩一下，女孩佯裝生氣的說：「你好壞呀！趁人不注意做小動作。」女孩還想男孩親她一下，男孩不太懂，最後男孩發現好長時間女孩都不理他，為此男孩鬱悶了一個月。

30 歲的男人親了女人一下，女人甜美的說：「討厭！別這樣！讓孩子看到不好！」並掐了男人一下。等孩子看不到時還想男人親她，男人沒親。最後女人一個星期沒讓男人碰她一下。

40 歲的男人親了女人一下，女人煩躁的說：「結婚都這麼多年了，還玩年輕人的浪漫！你不覺得無聊啊！」男人一臉乾笑，知趣的走開，與朋友喝了一頓酒，晚上回來睡覺輾轉反側很久才入眠，並連續好幾天。

50 歲的男人親了女人一下，女人感動的說：「親愛的！你有好長時間沒這樣對我了！」男人歉意的輕輕抱了一下女人就參加聚會去了。女人好失落，其實她想男人緊緊的抱著她不要離開。晚上男人回來時發現女人不在房間，被迫分居了一個星期。

70 歲的男人親了女人一下，女人幸福的說：「老伴！你讓我想起你第一次親我的時候，你還記得嗎？」男人有點想不起來，女人嗚嗚的哭了起來，弄得男人又是勸又是道歉。夜晚，男人為了回憶起第一次親女人是什麼時候，一整個晚上都沒睡，結果第二天高血壓發作，被迫在醫院住了一個月。

外語求眞 ——
殺人博士與劊子手醫生

　　外語求真是指尋本求源，找出外語原意，使之與中文翻譯、或與外語本身形成意義對比，相互干涉，從而產生幽默效果。

　　在一本書中，有一篇〈美國人什麼都敢姓〉的文章，就是透過「探討」美國人的姓來逗大家笑的：

　　有人姓蘋果（Apple）、橘子（Orange），有人姓稻米（Rice）、小麥（Wheat）、玉米（Com）等，還有人姓培根（Bacon）、火腿（Ham）、咳嗽（Cough）、狼（Wolf）、狐狸（Fox）、灰燼（Ash）、毒藥（Poison）、公雞（Cock）、公鴨（Duck）、魚（Fish）……

　　有人姓手臂粗壯（Armstrong），有人姓懦夫（Coward），有人姓瘋狂（Crazy）、姓棺材（Coffin）、姓掃帚（Broom），甚至姓掃把（Broomstick）。還有人姓死亡（Death）、姓地獄（Hell），這可就有些晦氣了。

　　在中國，「屠夫」是罵人的髒話，很不中聽，但在美國卻是堂堂正姓。別人姓姓倒也無妨，偏偏有些醫生也姓這嚇人的姓。天有不測風雲，人們免不了要去醫院看病，若碰到劊子手（Slaughter）大夫、殺人博士（Dr. Killman），相信定會「心膽俱裂」；病人若知道由屠夫（Butcher）醫生或碎骨（Bonecrusher）大夫替他主刀做手術，一定會嚇得渾身發抖，拔腿就跑。

　　由於各國文化的差異，在文化交流中，翻譯不可避免的要照顧到本國

的文化傳統，以利於國人接受。如果「硬譯」一下，也會造成幽默。

家政廣告：「厭倦自己洗澡了嗎？讓我來幫你洗吧。」

—— 原意：厭倦自己打掃房間了嗎？讓我來幫你做吧。

裁縫廣告：「我們不使用機器撕毀您的衣服。我們會小心翼翼的用手撕。」

—— 原意：我們不使用機器，以避免撕毀您的衣服。我們會用手工小心的修補衣服。

徵才廣告：「幼稚園招聘 3 歲大的老師。有經驗者優先。」

—— 原意：幼稚園招聘照看 3 歲幼童的老師。有經驗者優先。

寵物廣告：「出售小狗：不挑食，喜歡吃小孩。」

—— 原意：出售小狗：不挑食，喜歡與兒童相處。

二手車廣告：「為什麼要去其他地方受騙呢？還是先來這裡吧！」

—— 原意：為什麼要選擇去別的地方？當心受騙！還是先來我們這裡看看吧！

如果把傳輸出去的本國文化再硬譯回來，也會產生幽默效果。來看瑞典的一位老師居然這樣向學生們介紹中國名著《西遊記》：

故事說的是一個中國的和尚去西方旅遊的經歷。這種旅遊實質上是一種探險。他騎著一匹白色的馬，帶著一位名叫沙僧的僕人。為了打發旅途的寂寞，他還帶了一隻寵物猴子和一頭寵物豬上路。

一路上，這個和尚走過了許多高山，渡過了一些大河大川，受到了許多驚嚇。他走過名叫火焰山的火山口，豔遇過一個只有女孩的女兒國。據說他帶的猴子本領很大，一路上替他掃除許多障礙，其實不過是一隻蠍子、兩隻蜈蚣、五隻黃鼠狼和七隻蜘蛛而已，大的動物有一頭牛、兩隻獅子和三匹狼。猴子還有一些讓人不解的行為，比如一發火就燒東西，一路

上燒了幾個山洞，一棵柳樹，還有八個漂亮的宮殿，還圍著一堆白骨狠打許多遍才罷手。

和尚帶的寵物豬看起來沒有什麼作用，只是充當旅途的解悶工具罷了。據說牠一口氣吃了四個西瓜，把和尚、僕人和猴子的分量都吃了，還說牠調戲了七隻蜘蛛，被蜘蛛們狠咬了一口。

那個僕人也是什麼用都沒有，整天擔著一副破行李，聽任擺布。

和尚花了 13 年才到了印度，尋了一些印度的佛經，像得了寶貝一樣回國了。

瑞典學生們的反應是非常驚訝，他們一是想不到中國人這麼熱衷於冒險，二是想不到一千多年前中國人就養寵物豬了！

延伸閱讀

小金非常會討好主管，凡公司的好事總少不了他，小孫十分看不慣，便總是挖苦小金。

一天，小金又獲得了出國考察的機會，高興之極，便又在眾人面前張揚自己。剛好碰到了小孫，就打了一個招呼：「How are you?」

小孫便把這句問好直譯過去：「怎麼是你？」

小金尷尬之中又冒出一句：「How old are you?」

「怎麼老是你？」小劉再次將小金的話直譯過去。

借力使力 ——
以牙還牙，以眼還眼

　　生活離不開辯論，辯論離不開幽默。嬉笑怒罵的幽默藝術能為辯論語言增色不少，而且往往能起到四兩撥千斤的效果。《天龍八部》中令慕容氏揚名武林的絕招 —— 以彼之道，還施彼身，我們稱之為「借力使力」。

　　夫婦倆在河邊釣魚，妻子邊釣邊嘮叨不休。一下子，居然有條大魚上鉤了。

　　妻子：「這條大魚真可憐。」

　　丈夫：「是啊！只要牠閉上嘴，不也就沒事了嗎？」

　　妻子嘮叨個不停，丈夫便借用魚之嘴說妻子之嘴。既幽默風趣也達到了目的。

　　餐館裡一位顧客叫住老闆：「老闆，這盤牛肉簡直沒辦法吃！」

　　老闆：「這關我什麼事？你應該到公牛那裡去抱怨。」

　　顧客：「是啊！所以我才叫住你。」

　　顧客按照老闆的荒謬邏輯，推論出老闆即是「公牛」，讓對方哭笑不得，自食其果。運用借力使力法，要善於抓住對方一句話、一個比喻、一個結論，然後把他接過來去還給對方，把他給自己的荒謬的語言或行為，不願意接受的結論，再演繹得還給他。

　　生活中借力使力的幽默非常多，開心的同時調節了生活的樂趣。

借力使力—以牙還牙，以眼還眼

　　小張正督促兒子多多念書，外甥女樂樂偏在這個時候來找多多玩。多多趁機笑著放下課本，說：「樂樂來了，我得陪她玩。」

　　樂樂說：「我們玩司機和交通警察的遊戲吧。我當交通警察，你當司機。」

　　多多假裝握著一個方向盤，四處的跑起來。就見樂樂把手臂一抬說：「出示你的駕駛執照。」

　　多多問：「我怎麼了？」

　　樂樂編了一個理由說：「你闖紅燈了。」

　　多多摸了摸口袋，什麼都沒有。

　　小張靈機一動說：「他沒有駕駛執照。」樂樂好奇的問小張：「那怎麼辦呀？」小張笑嘻嘻的說：「讓他去念書。」樂樂點了點頭，把多多的書本拿來說：「你快念書，我現在是老師了。」

　　多多撇著小嘴對小張說：「算你狠。」

　　多多不想念書，本想玩，沒想到因為玩，又把自己圈進了念書。這樣的生活樂趣，當然使我們喜笑顏開。

延伸閱讀

　　在日本，電車總是很擁擠，一位瘦乘客和一位胖乘客吵起來。瘦子悻悻的說：「乘車應該按重量買票才行。」

　　胖子聽了，說：「謝天謝地，假如你的話應驗了，那你永遠沒有福氣乘電車了。」

　　「為什麼呢？」

　　「你想一下，像你這樣一個瘦傢伙，能收到多少錢，會讓你乘車嗎？」

機智巧辯 ——
老鼠沒有一隻是駝背的

在社交中遇到困境而不慌亂，積極發揮自己的智慧，去尋找一切可以突破的因素，就能產生意想不到的幽默，這種幽默手法就是機智巧辯。

由於在某些特定交際環境中，說話太直、太露，往往不容易被人接受。這時如果運用弦外之音，言在此而意在彼，將意思隱含在字裡行間，不明說出來，可以使語言變得委婉、風趣和幽默。

當你處於一種相當狼狽的境地，你可能驚慌失措，也可能十分憤怒或沮喪。但這一切都無助於你從狼狽的環境中解脫出來。

這時，客觀環境的嚴酷十分需要你把自己思維的潛在能量充分激發起來，做出超常的發揮。而要做到這一點恰恰需要冷靜，使自己的精神處於一種自由、活躍的狀態，即那種急中生智的狀態，達到這種狀態所說的話，往往是機智而又幽默的趣言妙語。

有一次，紀曉嵐在宮廷翰林院率眾編輯《四庫全書》。當時，正值盛夏，紀曉嵐便打著赤膊坐在案前編纂。

這時，乾隆突然駕到。衣冠不整見駕就有欺君之罪，紀曉嵐慌得連忙鑽進桌子底下躲避。

過了好久，紀曉嵐聽見外面鴉雀無聲，以為乾隆皇帝走了。便撩起桌布露出腦袋問：「老頭子走了沒有？」

乾隆一直坐在旁邊沒有動，聽到這句話，心裡又好氣又好笑，怒斥他道：「好大的膽子！你為什麼叫我老頭子？如果講不出道理來，定不輕饒。」

機智巧辯—老鼠沒有一隻是駝背的

紀曉嵐沒辦法，只好爬出來，跪在地上，說：「萬歲為『老』，人上為『頭』，『子』乃聖賢之尊稱。」

乾隆聽了一笑，赦免了他。

面對嚴峻的形勢，紀曉嵐並沒有驚慌失措，更沒有失去思考能力，相反，他激發了全部的智慧對「老頭子」三個字做出了巧妙的解釋，以其機智性的幽默而免於受罰。

侯白機靈敏捷，一次與楊素並馬而行，路旁有棵槐樹，憔悴欲死，楊素說：「侯老兄，你有辦法使此樹活命嗎？」

侯白說：「取槐子懸樹枝上即活。」

揚素問：「為什麼？」

侯白答：「《論語》中說：『子在，槐（回）何敢死。』」

侯白在辯論中用了一招：語音異讀，其中的「子」指孔子，「回」指弟子顏回。既然是孔子說的話，當然沒有錯誤，於是獲得了勝利。

一般說來，在不利的情境中，越是帶著自我保護的色彩，後果就越不嚴重，幽默的成分就越多，這種特點日常交流中就能看得出來。

有一次，著名京劇老生演員馬連良先生演出《天水關》，他在劇中飾演諸葛亮。開演前，飾演魏延的演員突然病了。一位來看望他的同行毛遂自建，替演魏延這一角色。

當戲演到諸葛亮升帳發令巧施離間計時，這個演員想和馬連良開個玩笑，該魏延下場時，他偏不下場，卻搖搖擺擺的向諸葛亮一拱手，粗聲粗氣的說：「末將不知根底，望丞相明白指點！」

馬連良先是微微一怔，旋即向「魏延」莞爾一笑，說道：「此乃軍機，豈可明言？請魏將軍站過來。」「魏延」一聽，只好走到「諸葛亮」身邊。只見「諸葛亮」稍微轉了一個身，附在「魏延」耳邊輕聲說了句

什麼，那「魏延」連呼「丞相好計！丞相好計！」然後匆匆下場。

其實，馬連良的好計，不過是對這位搗蛋的同行罵了一句：「你這個王八蛋還不快點滾下去！」

可見，要使自己擁有幽默感，首先要能以輕鬆的心情來自由變換自己的情感視角，情感獲得了自由，幽默自然隨之而生。

延伸閱讀

醫生對病人說：「你的病很重，不知道是否治得好。」

病人哀求說：「醫生，請你想辦法救我。康復後我願意捐 50 萬元做籌建新醫院的基金。」

幾個月後，醫生在街上碰見那個病人，問道：「身體怎樣？」

那人回答：「好極了。」

「我剛才打算找你，」醫生繼續說，「談談捐款給醫院的事。」

「你說什麼？」

醫生提醒他：「你說過康復後捐款 50 萬元的。」

「真的？」那人喊道，「唉，你看，當時我病得多迷糊啊！」

反問脫身─先有老師還是先有學生

> ### 反問脫身 ──
> 先有老師還是先有學生

反問是用疑問的形式表達確定的內容的修辭方式，寓答案於反問之中。運用反問能夠加強語勢，把原來確定的意思表達得更加鮮明且不容置辯。所以，反問對人造成強烈的印象，容易喚起人們的想像和熱情，比正面表達更能產生力量。

美蘇關於限制戰略武器的四個協定剛簽署，季辛吉就在莫斯科一家旅館裡，向隨行美國記者團介紹這方面會談的情況了。當時已是凌晨 1 點，處於興奮中的季辛吉竟毫無倦意。

「蘇聯生產導彈的速度每年大約 250 枚，」季辛吉微笑的透露道，「先生們，如果在這裡把我當間諜抓起來，我們知道該怪誰啊。」

敏捷的記者們於是接過話頭，探問美國的祕密。

「我們的情況呢？我們有多少潛艇導彈在配置分導彈頭？有多少『民兵』導彈在配置分導式多彈頭？」一個記者問道。（注意，這個記者說的是「我們」而不是「你們」，刺探水準不低！）

季辛吉聳聳肩：「我不確切知道正在配置分導式多彈頭的『民兵』導彈有多少，至於潛艇，我的苦處是，數目我是知道的，但我不知道是不是保密的。」

高明的記者引誘道：「不是保密的。」

季辛吉反問道：「不是保密的嗎？那你知道了還問我做什麼呢？」

記者傻了，只好聳聳肩，做個無可奈何的樣子一笑了之。

季辛吉在這裡運用的正是反問的方法，從而機智的迴避了記者的問題。

如想說服人，最好的方法就是舉出例證反其問之，它遠比正面辯駁要有更大的說服力。

有一次，拿破崙對他的祕書說：「布里昂，你知道嗎？你也將永垂不朽了。」

布里昂起初不解拿破崙的意思，拿破崙解釋說：「你不是我的祕書嗎？」

布里昂明白後，笑了笑說：「請問，亞歷山大的祕書是誰？」

拿破崙答不上來，只好讚揚道：「問得好！」

按拿破崙的意思：永垂不朽者的祕書，也是永垂不朽的，這是大前提。你是我拿破崙的祕書，這是小前提。結論：「你也將永垂不朽。」

布里昂明白拿破崙的意思，雖並不寄希望於依靠名人揚名，但仍不忘作為祕書對主帥的尊重，所以採用表面請教，實則反問的方式：「請問，亞歷山大的祕書是誰？」證明了大前提的不可靠性，使拿破崙的結論不攻自破。

接下來，我們看生活中「反問脫身」的例子：

（一）

生物老師問學生：「你們誰知道，先有雞還是先有蛋？」

一個學生說：「先有雞。」

「雞怎麼來？」

「先有蛋。」

「蛋怎麼來？」

這時另一位學生站起來說：「老師，如果您能回答我一個問題，那麼我就能回答您的問題。」

反問脫身—先有老師還是先有學生

「什麼問題？」

「先有老師還是先有學生？」

老師啞口無言。

（二）

有一位媽媽和兒子對話。

媽媽：「你要哪個蘋果？」

兒子：「我要大的。」

媽媽：「你應該懂禮貌，要小的。」

兒子：「媽媽，懂禮貌就得撒謊嗎？」

（三）

「同學們，你們猜，這是什麼蔬菜？」老師舉著手中的萵筍，啟發性提問。

「藕。」

「對嗎？」

「山藥。」

「不對。」

「白菜。」

「你家的白菜是長這樣的？」教師隨口反問。

孩子羞澀的坐了下來，其他孩子哄堂大笑。

第一個例子，學生反問中將「老師、學生」和「雞、雞蛋」扯在一起，讓人不得不笑。第二個例子，兒子在反問中，把禮貌與撒謊這兩類不同性質的事情扯在一起，既令人發笑，又令人有所領悟。第三個例子中，這位老師可真幽默，調侃式的反問取代了冷冰冰的「對」與「錯」，他們的師生關係一定非常和諧、非常融洽。

老師：從甲地到乙地 5 公里，從乙地到甲地幾公里？

學生：不知道。

老師：這麼簡單的問題都不知道，從乙地到甲地也是 5 公里。

學生：兒童節到國慶是 4 個月，從國慶到兒童節也是 4 個月嗎？

順水推舟 ——
第三者是帶著情感的幾何結構

抓住對方的話柄，順著說下去，讓其向有利於自己的方向發展，從而產生強烈的幽默效果。這種方法不做正面抗衡，而是在迂迴的交談中，接力勝敵，從而達到自己的目的和產生幽默感。

有個富翁在大庭廣眾之下大聲說：「人們都說，偉大的戲劇家都是白痴。」

蕭伯納回敬道：「先生，我看你就是最偉大的戲劇家！」

這雖然是一則笑話，但也反映出了蕭伯納的機智和幽默，將侮辱和諷刺返回給了對方。

可見，順水推舟在交際場合是很有實際用處的。特別是身在尷尬的情況下，透過這一招，也能達到擺脫尷尬的目的。

有一次，小崔主持節目。節目的主要內容是「吃苦，讓孩子成材」。小崔問一位小朋友：「你在家吃過什麼苦？」沒想到他把頭一歪，不予回答。

這樣尷尬場面，相當棘手，若將麥克風轉向他人，就顯得冷場，若繼續開導又難料結果。

這時，小崔不慌不忙緊接一句：「看來你苦大仇深啊！」話語一落，全場雷動。

將「不予回答」順水推舟，變成「苦大仇深」，不知從哪裡說起。小崔這一招順水推舟，既避免了尷尬的冷場，同時還換來了精彩喝采。

不只在現實生活中，在政治場上，也有許多這樣的事例。

美國 1930、1940 年代，有個政界要人叫漢森。他首次在眾議院裡發表演講時，打扮得很土氣，因為他剛從西部鄉間趕來。

一個善於挖苦諷刺的議員，在他演講時插嘴說：「這個伊利諾州來的人，口袋裡一定裝滿了燕麥的種子吧？」這句話引起哄堂大笑。

漢森並沒有因此怯場，他很坦然的說：「是的，我不僅口袋裡裝滿了燕麥，而且頭髮裡還藏著許多菜籽呢。我們住在西部的人，多數是土裡土氣的，不過我們雖然藏的是燕麥和菜籽，卻能夠長出很好的收穫來！」

這句話立刻使漢森的大名傳遍全國，大家給他一個外號：「伊利諾州的菜籽議員。」

這位菜籽議員採用的正是順水推舟法。他深知順勢的道理，把對方的冷嘲熱諷當作可以利用的交通工具，順路搭車，一路順風的抵達了自己的目的地。

延伸閱讀

丈夫請來醫生為妻子看病，醫生檢查後說：「你夫人病情較重，要讓她安靜休息，千萬不要跟她講話。」

丈夫立即朝醫生兩手一攤：「我家的財政由我妻子掌管，那就只好先欠下你的醫療費啦！」

數不厭精 ——
這件文物已經有四十萬零八年三個月的歷史

日常生活中，我們常會使用一些數學，有時必須精確無誤、有時則要求籠統含糊一些。如果在該用的時候，你卻非常精細的表述，就會產生幽默感，這就是所謂的「數不厭精」。

某報社編輯部主任辦事講究精確，他也同樣以此要求與他一起工作的同事們。有一次，一位記者送給他一篇會議報導稿審閱，他接過稿認真讀起來。當讀到這樣一個句子時他抬起了頭。

這句話是：「3,999 隻眼睛注視著講臺上的演說者。」

主任生氣了，大聲說道：「這純粹是胡說八道！」

記者立刻解釋道：「先生，這可不是胡說八道。要知道會議參加者中有一位是獨眼龍。」

記者可算是精確到了極致，連參加會議者的眼睛都算了進來，而且「獨眼龍」也算了出來。讓人不笑也不行了。

遊山並不能使國王覺得有趣，加上密報路上將有刺客，更使他掃興而還。那夜他很生氣，說是連第九個妃子的頭髮，也沒有昨天那樣黑得好看了。幸而她撒嬌坐在他的御膝上扭了七十多回，這才使龍眉之間的皺紋漸漸的舒展。

妃子撒嬌，而且坐在國王的膝上扭來扭去，很容易想像，但說她「扭了七十多回」，就十分可笑了，因為撒嬌扭擺身段，與運動員強化體能訓練不同，沒有硬性指標，非做夠了不可。況且，宮中也沒有專人去計算、

統計妃子扭動的次數，因此，一旦精確到「七十多回」，國王和妃子的滑稽之態便躍然紙上了。

老張吃飯每次都要咀嚼 38 次。

在辦公室，只要聊起咀嚼 38 次，老王便滔滔不絕當起主講。

小張問：「為什麼是 38 次呢？這麼精確的數字。」

老張回答：「這是經過科學家反覆測試，各種科學資料論證而成。」

小張又問：「這個數字對每個人都一樣嗎？」老王肯定的說：「對不同年齡的人都一樣，上至耄耋老人，下至剛出生的嬰兒。」

小張覺得老王說得有點玄，反駁道：「都沒牙了還咀嚼什麼？」老王說：「沒牙有牙床，38 次碾也給碾碎了……」

小張不甘心，接著問：「難道 39 次就不成？多多益善嘛！」

老張說：「39 比 38 多一次，不成。」

小張問：「37 次行嗎？」

老張說：「37 比 38 少一次，也不成。」

小張有些急：「你總說不成，我問的是為什麼不成？」

老張不急不徐的說：「你想，39 多一次，本來咀嚼了 38 次就夠累的了，再多一次無用之功，何苦呢！37 少一次，就為省這一次前功盡棄，36 拜都拜了，就差這一步，犯懶等於白做。大騾子大馬都買了，那點鞍子錢不出，何必呢！」

老張的幽默在於，將咀嚼次數精確到了 38 次。「多一次無用，少一次前功盡棄。」讓人哭笑不得。

有些時候，沒了突出「數不厭精」的精細之處，就可將精細和粗略兩者結合起來，用粗略襯托精細的不協調來表現幽默感。

旅遊者來到一座博物館參觀。講解員指著一件出土文物說：「據專家

考證，它已經有四十萬零八年三個月的歷史了。」

旅遊者很驚奇，趕忙請教：「那你們是如何將年代測定得如此準確呢？」

講解員應聲而答：「先生，這很簡單，我來到此地工作已經八年三個月，當我剛來時，他們告訴我這件文物已有四十萬年的歷史了。」

這位講解員在職八年多，為人們帶來的快樂一定不少。從他的話語中，就可看出他是一位富有幽默感的人。

與敵交戰，兵不厭詐。引人解頤，數不厭精。比如你可以在戀人遲到時，聲稱對方「遲到了1小時28分35秒」，效果會比簡單的責怪對方遲到太長時間或1個多小時有趣而又有效得多。

「說吧，有什麼就說吧，」妻子對生悶氣的丈夫說：「我看你的嘴唇動了25次，也沒聽到你吐出一個字。」

怎麼樣，這種簡單的幽默方法一學就會吧？

延伸閱讀

「你為什麼辭去了軍火工廠的工作？」

「他們算得太精確了，上次在裝火藥的時候，火藥爆炸了，我被炸上半空後才掉下來，廠長卻扣了我的獎金，說我有6秒鐘在空中沒做事。」

望文生義 ——
「書生」就是叔叔生的孩子

望文生義的意思是說，只按照字面去牽強附會，而不探求其確切的含義，含有明顯的貶義。幽默細胞豐富的人，善於故意按字面意思去解釋，從而製造出可樂的幽默。

有一個人平時就很幽默，也很愛讀書。一天，到朋友家做客，拿起一本《論語》翻了幾頁，向朋友大談其發現，說：「最近才知道，原來古人都很孱弱，到三十歲才能站起來。」

「三十而立」居然被他這樣解釋，大家聽了，都哈哈大笑。

望文生義式的幽默在中國源遠流長，從古至今，望文生義孕育出了不知多少笑話。

白居易剛到長安的時候，拜見老詩人顧況，請求提攜，文名赫赫的顧況素來目下無塵，看到試卷上署名「白居易」三字，便打量著詩人說：「長安米貴，居實不易啊！」

說完後，翻看白居易的詩作，開卷一首詩就讓老詩人大為驚嘆，此詩便是〈賦得古原草送別〉：「離離原上草，一歲一枯榮。野火燒不盡，春風吹又生。遠芳侵古道，晴翠接荒城。又送王孫去，萋萋滿別情。」

顧況立刻笑顏逐開，馬上說：「能寫如此佳句，在長安居之易也！」於是逢人便誇讚白居易。

顧況的幽默才能以望文生義的方式得到了發揮：作為人名的「居易」

按漢語的語法規則是不可以拆開解釋的，但他卻故意將其拆分成「居住」和「容易」兩個詞獨立運用，結果反倒生出了幽默。

在生活中，望文生義，往往會鬧出笑話。

（一）

有一個外國人說：「你們真是太勤奮了。」

被問者說：「何以見得？」

外國人說：「我早晨經過街道，常常可以看到路旁的招牌上寫著『早點』兩個大字，提醒過路上班的人，不要遲到。」

（二）

小強小的時候老爸要他背誦詩詞，背好了還要向他解釋意思，有的時候偷懶，就憑著小聰明望文生義。

一次，爸爸要小強解釋什麼是「虎頭蛇尾」。小強想不出能有什麼解釋，於是只好望文生義：「老虎走前面，蛇跟在後面」。

又有一次，爸爸要他解釋賀知章的〈回鄉偶書〉中的「少小離家老大回」是什麼意思。

他跟老爸說：「小的剛離開了家裡，老大又回來了。」

爸爸聽了以後，氣得哭笑不得。

後來有一次，班上一個男孩想要寫一封情書，有一句詩要他解釋一下，看是否妥當。這句詩是「曾經滄海難為水，除卻巫山不是雲」。

於是小強又開始胡編了，告訴他說，有一句話叫做滄海桑田，曾經滄海難為水的意思就是說，這個地方曾經是滄海，但是現在變成桑田了，因此就難為水了。

同學們聽了他的解釋後，哈哈大笑。原本這句詩的意思是表示一種滄海水，天下水之大也；巫山雲，天下雲之美也。經歷過滄海水、看過巫

山雲的人不再以其他地方的水雲為美的感情。 「歇後語」一詞，雖含「歇」字，但意思卻不是「休息休息」。可是如果你望文生義，可能就會說成：「歇後語嘛！就是指當我們講話累了的時候，需要稍作休息，然後再說話；休息一會之後所講的話語即為歇後語。」

望文生義是一種巧妙的幽默技巧。運用它，一要「望文」，即故作刻板的就字釋義；而要「生義」要使「望文」所生的「義」變異得與這個「文」通常的意義大相徑庭，還要把「望文」而生的義，引向一個與原文風馬牛不相及的另一個內容上。從而在強烈的不協調中形成幽默感。

延伸閱讀

（一）

問：小朋友誰知道「談心」是什麼意思？

答一：談心就是心像個彈簧一樣在彈。

答二：談心就是一個人和對面的那個人在談論關於心的問題。

（二）

問：什麼是門外漢？

答一：就是流汗了。

答二：大力士在外面站著。

（三）

問：七嘴八舌是什麼意思？

答一：不該說的時候說，該說的時候不說。

答二：八個人很吵，七個人很安靜。

（四）

問：鸚鵡學舌是什麼意思呢？

望文生義—「書生」就是叔叔生的孩子

答一：就是牠想抓條蛇回家。

答二：鸚鵡學蛇的樣子。

（五）

問：什麼是「書生」？

答一：抓老鼠的人。

答二：叔叔生的孩子。

委婉含蓄 ——
貴國的烤鴨，就是不能讓我再多吃

在日常交際中，人們總會遇到一些不便說、不忍說，或者是由於語言環境的限制而不能直說的話，因此不得不「遁詞以隱意，譎譬以指事」（劉勰《文心雕龍·諧讔》），故意說些與本意相關或相似的事物，來烘托本來要直說的意思，使本來也許十分困難的交流，變得順利起來。用委婉含蓄的方法表達自己的意見，往往會收到意想不到的後果。

一份晚報曾介紹過一位賣夜壺的老大爺與一個顧客的對話：

冬天，一個客人蹲在地攤前選，選來選去總感到太大，便自言自語道：「好是好，就是大了點。」

老大爺聞言，笑道：「冬天 —— 夜長啊！」

顧客一聽，會心的笑了，當即買了一把。

對話中，這位老大爺用「冬天 —— 夜長」一句話，含蓄的表達了「夜長尿多」的意思，幽默風趣。

當你不能肯定自己的某些要求願望是否合理，別人是否支持，或為顧及風度不便直言提出時，借助含蓄語言可以幫助你維護自尊，避免尷尬，獲得成功。

卓別林有次接受宴請，曾望著剛上桌的烤鴨，詼諧的說：「我所創造的流浪漢夏爾洛，他走路時叫人捧腹大笑的步態，就是從鴨子走路的神態中得到啟發的，為了感謝鴨子，我從那以後就不吃鴨子。」

這時，大家急忙向他表示歉意，他又說：「不過，這次可以例外，因

委婉含蓄—貴國的烤鴨，就是不能讓我再多吃

為這不是美國鴨。」卓別林的一席話，引得大家笑聲不止。卓別林又風趣的說：「貴國的烤鴨，食味之好雖然舉世無雙，但有一個小小的缺點，就是不能讓我再多吃。」

邀請者聽後，理解其意，囑咐工作人員送兩隻烤鴨給卓別林夫婦。卓別林高興得連聲道謝。卓別林不愧為幽默大師，想吃烤鴨，又不便明說，於是藉機含蓄的道出了自己的想法，可謂得體自然，幽默風趣。

男女間表達愛慕之情，採用含蓄語言，既可避免尷尬，又充滿浪漫色彩。

上大四的羅斌暗戀一位大二學妹久矣，一直苦於沒有合適機會與之搭訕。一次，羅斌在學生餐廳「邂逅」學妹，見學妹座位四周無人，遂走到學妹跟前，鼓起勇氣打了個招呼「嗨！」然後問：「能告訴我妳叫什麼名字嗎？」

學妹正專心的吃泡麵，心不甘情不願的抬起頭來，目光穿越重重麵湯霧氣，定格在羅斌臉上。

「速食麵。」學妹輕啟朱唇，決定戲弄戲弄這個打斷自己進食的侵入者。

「太好了，」羅斌回答：「我叫白開水，最擅長泡速食麵，這次找到妳，真是三生有幸！」

學妹本來是用「速食麵」來敷衍與玩弄羅斌，卻不料羅斌隨機應變，假稱自己叫「白開水」，用「白開水泡速食麵」來暗示自己傾慕對方、欲「泡」對方，真是神來之語！

最後，值得提醒讀者的是：含蓄不是似是而非，故作高深，含蓄的目的，是讓對方聽出「言下之意」、「弦外之音」，達到講話目的。如果將含蓄理解為閃爍其詞、躲躲閃閃，與含蓄的宗旨就背道而馳了。在鼓舞鬥

志、交流想法的幽默中，言辭還是坦白直接點好，講話太含蓄會讓人覺得你太虛偽、做作，反而聽不懂你講話的目的何在。而對於新聞發表、辯論等類型的幽默不妨含蓄一點，多用「弦外之音」。

延伸閱讀

　　宋太祖曾當面答應授予張融司徒長史官職，可很長時間沒有下令。於是張融上朝時，故意騎著一匹瘦得皮包骨頭的病馬。

　　太祖見了，問：「愛卿的馬太瘦了，每天給牠吃多少糧食？」

　　張融說：「每天餵一石。」

　　太祖說：「吃一石怎麼這樣瘦呢？」

　　張融說：「嘴裡答應，實際上不給。」

　　太祖明白了張融的話，不久就授以司徒長史官職。

暗指借代 ——
因為雨怕抽稅，所以不敢入京城

　　修辭學上的借代，是指用部分取代整體，這裡所說的暗指借代，則是指直接用一種東西，去指代另一種東西。也正因為如此，後者比起前者來，就有更大的靈活性，而且由於出乎意料，容易產生幽默。

　　一對年輕夫婦走進首飾商店，妻子問售貨員：「右邊的那個鑽戒要多少錢？」

　　「5 萬元。」

　　丈夫驚愕的「哎呀」了一聲，問道：「在它旁邊的那個呢？」

　　售貨員答道：「兩個『哎呀』的價，先生。」

　　「哎呀」當然不能作為標價單位，但由於有了對 5 萬元驚愕得「哎呀」的基礎，借代就可以實現了。幽默的店員使顧客對商品價格的埋怨化為一笑，的確聰明。

　　上例是感慨取代了價格，下例則是愛因斯坦用公式來教育年輕人了。

　　一個愛說廢話而不愛用功的年輕人，整天纏著大科學家愛因斯坦，要他公開成功的祕訣。愛因斯坦厭煩了，便寫了一個公式給他：$A = X + Y + Z$，愛因斯坦解釋道：「A 代表成功，X 代表艱苦的工作，Y 代表正確的方法……」

　　「Z 代表什麼？」年輕人迫不及待的問。

　　「代表少說廢話。」愛因斯坦說。

　　如果說，上例中愛因斯坦的借代偏重批評的話，那麼下面例子中的申

漸高的借代則是偏重諷刺了。

南唐時，稅收繁重，民不聊生。時逢京師大旱，烈祖詢問群臣：「外地都下了雨，為什麼京城不下？」大臣申漸高決定利用這個機會進諫，便詼諧的答道：「因為雨怕抽稅，所以不敢入京城。」烈祖天性比較豁達，聽罷大笑，決定減輕稅收。

借助一句笑話來暗指，竟然為百姓做了一件好事。

畫家門采爾（Menzel）的借代則有宣洩的味道了。

門采爾長得又矮小又醜陋，當他發現有人嘲笑他的時候，他會怒不可遏。

有一次，門采爾正坐在餐館裡，進來了三個外國人，一位女士和兩位先生，他們在旁邊的一張桌子坐下。門采爾抬頭一看，發現那位女士正向兩個同伴耳語，而且那三個人打量了他一番便格格的笑了起來。

門采爾的臉漲得通紅，但他沒有說什麼，而是取出速寫本，認真的畫起畫來了。他一邊畫著一邊不時的望著女士的眼睛，致使那位女士有些慌亂。她覺得她剛才嘲笑過的鄰座這個怪人正在替她畫像，心裡很不自在。

門采爾並沒有讓她的目光擾亂了自己，滿不在乎的繼續畫他的畫。突然，其中一個男士朝他走來說：「先生，我不允許您畫這位女士。」

「哎呀，這哪裡是一位女士呢？」門采爾心安理得的說道，並且把速寫本遞給他看。只見那位先生道了聲對不起，便回到同伴那裡去了。原來門采爾畫的是一隻引頸高叫的肥鵝。

那個男士似乎不知道「鵝」在德語中可以作為罵人的話，意為「蠢女人」。可見，暗指借代比借代有更大的靈活性，而且由於出乎意料，更容易顯示出幽默。

暗指借代─因為雨怕抽稅，所以不敢入京城

延伸閱讀

晉國人魯褒寫文章，總是把錢稱作「家兄」。人們也就用「家兄」來指錢。

有個周通判，因為貪汙，被貶為縣官。到任的時候，有個小吏前去看望，把一個一斤重的銀娃娃放在大堂的桌子上，然後對著裡屋大喊：「家兄在廳堂裡，請收下。」說完就走了出去。周縣官出來看見銀娃娃，就捧進了屋裡。

後來，那個小吏因得罪了周縣官，縣官要治罪於他，他忙哀求道：「請看在家兄的面子上，饒了我吧。」

周縣官說：「你家兄也太不識趣了，明明知道我喜歡家兄，卻不讓他再來見我！」

借語作橋 ——
你得換一支錶，否則我就要換一位祕書

借語作橋就是把對方話中的一個詞語或一個概念接過來，組織在你自己的另一句對方不願聽到的話中，使思路急轉。

既然是作為橋梁，就必須要保證一個特點，那就是兩頭相通，而且契合自然，一頭與未來的話頭向通，另一頭與所要引出的意思相通，而且要盡可能的天衣無縫。

英國作家理查德‧薩維奇（Richard Savage）患了一場大病，幸虧醫生醫術高明，才使他轉危為安。但他欠下的醫藥費卻無法付清。最後醫生登門催討。

醫生：「你要知道，你是欠了我一條命的，我希望你有價報償。」

「這個我明白。」薩維奇說：「為了報答你，我將用我的生命來償還。」說罷，他遞給醫生兩卷《理查德‧薩維奇的一生》。

薩維奇的幽默在於，沒有直接向對方表示緩期支付或拒絕。而是透過自己的著作讓對方知道自己的難處。這種方法並不複雜，不過是接對方的詞語（上面就是「生命」），然後進行歪解，把「生命」變成「一生」，雖然兩者在內涵上不一致，但在概念上是相通的。這就比斷然拒絕對方要好得多。

借語作橋的難處，在於不是尋找兩頭契合的詞語，而是從對方的話中看中一個詞語，把它抽出來，這個詞語要便於組成你自己的語句。好像是小學生在造句練習，不過比小學生多了一個要求，那就是造出來的句子意

借語作橋—你得換一支錶，否則我就要換一位祕書

思不得與對方的願望一致或相似，只能與對方的願望相反。

紀曉嵐是清代大才子。他生性詼諧，才思敏捷，堪稱一代奇才。下面是他巧用「借語」的幽默故事。

一個小太監攔住紀曉嵐，要他講一個笑話。紀曉嵐想了想說：「從前有一個人……」然後停住，不再說話。

小太監很著急，耐不住的問：「下面呢？」

紀曉嵐一本正經的回答：「下面？下面沒有了啊。」

小太監半天才明白過來，紀曉嵐是取笑自己，便把這件事告訴了太監總管。

太監總管很有學問，認為紀曉嵐太不尊重人，便想懲罰一下他。

一天，紀曉嵐正欲面見乾隆奏事，被幾個太監拉著去見太監總管，太監總管說有個上聯，能答出下聯才准走。

紀曉嵐問：「什麼上聯？」

太監總管說：「三才天地人。」

紀曉嵐立即對道：「四季夏秋冬。」

太監總管便問：「四季是春夏秋冬，怎麼沒有春呢？」

紀曉嵐笑著說：「春沒了！」

總管這才醒悟過來，也忍不住笑了。

紀曉嵐的幽默正表現在借用對方的語詞來表達對方意願相悖的意思。

借語作橋法，不一定都用於鬥智性的戲謔，也可用於一般性的調笑。其特性是抓住對方話中的一句詞語，構成一個無任何攻擊性的句子。借語作橋法的關鍵在於接過話頭以後，要展開你想像的翅膀，勇於往不可能實現的地方想，往荒唐的、虛幻的地方想。千萬別死心眼，越是敢調皮搗蛋，越是善於胡說八道，越逗人喜愛。

　　一天早晨，美國總統華盛頓的祕書遲到了，他發現華盛頓正在等候自己，感到很內疚，便藉口說自己的錶出了毛病。

　　這已經是祕書第 N 次遲到了。但華盛頓沒有發火，只是平靜的回答：「恐怕你得換一支錶，否則我就要換一位祕書了。」

職業輻射—加油加到了水，接人接到了鬼

> ## 職業輻射 ——
> 加油加到了水，接人接到了鬼

任何職業都有它自身的幽默，利用職業的性質、特點產生幽默的方法，就是我們要說的職業輻射法。

我們先看一組廣告：

· 某音響公司廣告 ——「一呼四應！」

· 某餃子店廣告 ——「無所不包！」

· 某石灰廠廣告 ——「白手起家！」

· 某帽子公司廣告 ——「以帽取人！」

· 某理髮店廣告 ——「一毛不拔！」

· 某藥店廣告 ——「自討苦吃！」

· 某戒菸協會廣告 ——「千萬別找吸菸女子做朋友，除非你願意去吻一個菸灰缸！」

· 某打字機廣告 ——「不打不相識！」

· 某香水公司廣告 ——「我們的新產品極其吸引異性，因此隨瓶奉送戀愛教材一份。」

· 某公共場所禁菸廣告 ——「為了使地毯沒有洞，也為了使您肺部沒有洞，請不要吸菸。」

· 某新書廣告 ——「本書作者是百萬富翁，未婚，他所希望的對象，就是本小說中描寫的女主角！」

· 某汽車陳列室廣告 ——「永遠要讓駕駛執照比你自己先到期。」

- 某交通安全廣告 ——「請記住，汽車有備用零件，而人沒有。」
- 某化妝品廣告 ——「趁早下『斑』，請勿『痘』留。」
- 某洗衣機廣告 ——「閒妻良母！」
- 某鮮花店廣告 ——「今日本店的玫瑰售價最為低廉，甚至可以買幾朵送給太太。」

可見，世界上可以有單調枯燥的工作，但是幽默卻不會因此而喪失。

俗話說：「三句話不離本行。」不同職業、工種和身分的人在某些場合說出的話，便可以產生幽默的輻射。

比如，一位老師在大學入學考前，為了提醒那些一頭栽進「題海」的學生，就用了一句「題海無邊，回頭是岸！」

「加油加到水，接人接到鬼！」不用說，是計程車司機發的幽默牢騷。

牙醫也並非只會說：「嘴巴張開！」，比如有一位牙醫就說：「滿口金牙的人，說的話也不見得貴重；一口假牙，並不妨礙你說真話！」說出了職業特點，且富有哲理。

以職業性質、特點產生的幽默，幾乎比比皆是，可以說，三百六十行，行行都會開出幽默之花。

小趙去某臺提款機領錢，等密碼按完、金額按完、拿出卡片，準備要拿漂亮大鈔時。發現吐鈔口是關起來的？

她把列印明細表仔細端詳一番，資訊代碼竟然是「OK交易成功」。「完了，錢被吃了！」小趙心頭一震。

然後她快步走到收銀機那邊跟店員說這個情形，店員讓她跟客服聯絡。沒兩秒鐘，客服接起了電話：

客服：××銀行，您好敝姓梁，很高興為您服務，請問有什麼問題嗎？

職業輻射—加油加到了水，接人接到了鬼

小趙：呃……我剛剛領錢結果錢沒有吐出來。

客服：哦！那小姐請問妳有列印明細表嗎？

小趙：有！

客服：好，小姐，明細表左下角有個錯誤代碼，可以唸給我聽嗎？

小趙：它寫「OK」！

客服：哦小姐，請問您有將卡片拿出來嗎？

小趙：有。

客服：哦小姐，我跟您說明一下，我們提款機流程是這樣的：交易結束後，首先會先吐卡片出來，等您取出卡片之後，發鈔口才會吐出鈔票，等您取出鈔票之後，才會出現是否要列印明細表的畫面。

小趙：嗯……

客服：所以小姐，可以請您幫我看一下，地上是否有紙鈔嗎？

小趙（低頭）：啊！有……

客服：好的，那小姐可以請您幫我一個忙，趕快把紙鈔撿起來嗎？

小趙：撿起來了！

客服：好的，小姐。非常高興接到您的來電，很希望以後還有機會為您服務。晚安，再見！

一件非常簡單的事情，小趙因為沒注意，將鈔票掉在了地上。可是透過客服人員職業化的語言表達，替她增添了滿心的歡喜。

一個銀行家在海水浴場打瞌睡。海水漲潮了，好心的人叫醒了他。

「先生，海水要漲了。」

「好，那就賣出去吧！」

銀行家對「漲」字有一種職業性的敏感，難怪他聽到「海水漲了」，也要吩咐人立刻賣出。

一位冠軍運動員因患重感冒臥床不起，醫生告訴他，他在發高燒。他問道：「體溫多少度？」

醫生說：「四十一度！」

運動員又急切的問道：「那麼世界紀錄是多少？」一位運動員的職業病比感冒更加嚴重。即使自己身患重病，臥床不起，還念念不忘「世界紀錄是多少」，爭強好勝之心溢於言表。這不僅是幽默感的職業性輻射，而且是職業病的幽默了。

延伸閱讀

一名彪形大漢到醫院去，向醫生請教治療失眠的方法。

「這很容易，」醫生說，「你不過是輕微的神經衰弱。晚上你躺到床上時，默念數字，從 1 數到 10，循環數，便容易入睡啦。注意：貴在堅持。」

一個星期後，這個大漢又來到醫院。他看起來比上次更疲憊不堪。

醫生吃驚地問怎麼回事。

大漢說：「照你的囑咐，每天晚上，我一躺上床，就開始默念數字。不斷地從 1 數到 10，可是每次數到 8，我就跳起來了。」

「為什麼呢？」

「我的職業是拳擊教練。」病人回答。

指桑罵槐—隱於山林的就叫遠志，出山也就叫小草了

指桑罵槐 ——
隱於山林的就叫遠志，出山也就叫小草了

「指桑罵槐」這個成語時常被人運用，它原本比喻明指甲而暗罵乙，也就是指著張三罵李四。運用這種方法既可達到己方目的，又不授人以柄，避免了正面衝突。這種方法的技巧難就難在既要讓「槐」聽明白是罵「槐」，但又抓不住把柄，叫對方「啞巴吃黃連，有苦說不出」。

羅西尼（Gioachino Antonio Rossini）是義大利一代歌劇大師。一次，羅西尼去觀看莫札特的歌劇《唐・喬萬尼》（Don Giovanni），主角由著名男高音魯比尼（Rubini Giovanni-Battista）飾演。

羅西尼的旁邊坐著一個年輕人，不停的隨著臺上的演員大聲哼唱。

羅西尼忍無可忍，終於脫口而出：「這個混帳！」

「你幹什麼！是罵我嗎？」年輕人氣勢洶洶的問。

「啊，不是，」羅西尼心平氣和的說，「我是罵那個大傻瓜魯比尼，他妨礙我們好好聽您演唱。」

表面上是罵魯比尼，實質上是罵年輕人不懂禮貌，從而達到了指桑罵槐的目的，令人讀後啞然失笑。

魏晉時，謝石打算隱居山林，奈何父母難違，不得已在桓公手下做司馬。一次，有人送桓公草藥，其中一味名叫遠志。桓公問謝石：「這藥又叫做小草，為什麼同時一物而有兩個名稱？」

謝石一時答不上來，郝隆當時在座，應聲說道：「這很好解釋，隱於山林的就叫遠志，出山也就叫小草了。」

謝石聽到此處，滿臉悔色。

魏晉是一個很特殊的年代，當時人們崇尚回歸自然，並不以官宦為榮，隱居山林，過閒雲野鶴般的生活是非常時髦的舉動。郝隆這裡正是指桑罵槐，表面上解釋是草藥的名稱，實質上是嘲諷謝石，而謝石即使想反攻也無從下手。

從前，有個瞎子被無辜的牽涉到一場官司中，開堂審判時，他對縣太爺說：「我是一個瞎子。」

縣官一聽，立刻厲聲責問：「混帳！看你好好的一隻清白眼，怎麼說沒有眼睛？」

瞎子接過縣官的話說：「我雖然有眼睛，老爺看小人是清白，小人看老爺卻是糊塗的。」

盲人採用「指桑罵槐」法，他所說的「清白」和「糊塗」實際上是利用一詞多義的現象造成一語雙關的修辭效果，達到「指桑罵槐」的目的。

表面上看，盲人說的「清白」是指盲人的眼睛是清白眼，而實際上卻是暗指盲人自身是清白無辜的。「糊塗」一語，貌似指盲人因眼睛看不清縣官，但實際上卻是說縣官說話做事糊塗，是個糊塗昏官。所以，整句話表面的意思是：「小人看不清老爺」，而實際上卻是「我看老爺是個糊塗官。」

這句話從形式上看是「指桑」，即回答老爺的問話，內容卻是「罵桑」，即暗中譏罵昏官。

指桑罵槐─隱於山林的就叫遠志，出山也就叫小草了

延伸閱讀

小王結婚三年了，可是太太老是懷不上孩子。

這天，他和老婆正要吃午飯，就聽見母親在院裡罵家裡的老母雞：「你這不中用的東西，連蛋都不會下，還要你做什麼。」

老婆聽出了言外之意，就從椅子上跳起來，衝到院子裡拿了根棍子追著老母雞打起來，老母雞被打得咯咯亂叫，老婆就罵：「你這老東西，光吃飯不做事，還亂叫什麼。」

小王一聽要出事，就趕忙跑出來勸架，正好看見院子裡兩隻小狗正在相互撕咬，就猛的一腳向狗踢去，邊踢邊罵：「別在這裡狗咬狗了，有能耐咬別人去。」說完頭也不回的出了家門。

這一家子，真是一個比一個狠！

本末倒置 ──
殺在 子的地方會痛

顛倒事物關係本來的位置，使事理出現強烈的不和諧或相反，事理走向歪斜，因而產生幽默效果。

歷史老師有一天對學生們說：「嘿，孩子們，星期五我們要坐公車，去一座美麗的城堡，我們要去參觀。」孩子們聽到這些話非常高興。

「現在，有誰有問題嗎？」老師接著問道。

「那座城堡有多少年歷史了，老師？」大衛問道。

「大約 700 年，大衛。」老師回答說。

星期五，孩子們參觀了城堡後，各自回家。

回到家後，媽媽問大衛：「你喜歡那個城堡嗎，大衛？」

「不怎麼喜歡，」大衛回答說，「那些蠢人把城堡建造得離鐵路太遠了。」

什麼事都有一個「理」。「理」的存在為人們司空見慣。如果擅自改變事物本來的前因後果，主次關係、大小關係，理就會走向歪理，有時歪得越遠，諧趣越濃。

再看一個例子：

大夏天，一個人戴著毛皮帽子行走，遇到一棵大樹，便在底下歇涼。他將帽子摘下來，當作扇子用，並且自言自語的說：「今天如果沒有這頂帽子，早就把我熱死了！」

正是因為戴著毛皮帽子，才造成自己更熱；可他卻把沒有帽子當成熱的前提，他不熱才怪呢。

有一個人被僱用為替人挨打，他便將得到的錢全部送給行刑的卑隸，卑隸便輕輕的打了幾下。這個人出來後，向僱用自己的人磕頭說：「老爺，真是謝謝你了，要不是你的錢，他們就把我打殺了。」

自己被打是因為別人花錢僱的，自己挨打是為了賺錢，可是把賺來的錢卻全部給了打人的官吏，還感謝僱用自己的人，不知道自己為何而挨打。這樣的人，只能讓人白打一場。

除了以上兩種外，第三種是表現為事物邏輯關係倒置。

有一個小國家與鄰邦大國矛盾日益加深。小國便派使者與大國進行交涉，並以戰爭威脅說：「我國有一萬五千士兵，五十輛坦克，一百架飛機。」

大國領導者聽後，哈哈大笑，說：「我們比你們多一百倍。」

使臣聽後，臉色凝重的說：「那麼我沒有必要向政府請示了。」

第二天，使者就向大國提出妥協，原因是：「我們國家太小，容納不下一百五十萬戰俘。」

自己是以武力威脅大國的，反過來卻被大國威脅了。最後的原因竟然是國家太小，不能容納下戰俘，邏輯關係混為一團。這樣的小國怎麼能不被大國欺負呢？

第四種是表現為輕重關係倒置。

一個囚犯即將被殺頭，對持刀的劊子手說：「反正是要死的，殺便隨你殺，只不過我有一個要求。」

劊子手說：「什麼要求？」

囚犯說：「求你殺的時候，殺在頸項略微上面一些。」

劊子手問：「為什麼？」

囚犯說：「我的頸上長了一個瘤子，我怕殺在這個地方會痛。」

死和痛，那個更重要？不言而喻，但是這位囚犯卻能將痛置於死之前，顛倒了事物的輕重關係，荒謬而可笑。

延伸閱讀

有個老頭怕人踩了他的農田，成天在附近看著。一天稍沒注意，一個割草的人走進了田裡。老頭大聲喝住他，那人轉身要走回來。老頭急了，喊道：「站住！你要再走出來，不又踩了第二遍了？」

那人想向前走出農田，老頭又叫起來：「站住，你往前走，豈不又踩了沒踩過的地嗎？」

「那……」割草人不知怎麼辦好了。

老頭喊道：「你別動，等我去把你背出來！」

> # 反向求因 ——
> 克服了壞習慣，拿錢有什麼用

如果我們想自我調侃或諷喻他人，不妨運用「反向求因」法。這種幽默技巧要求在推理過程中善於鑽洞，特別是往反面去鑽洞。我們把它叫作反向求因法。其特點是把一個極其微小的可能性當成現實，儘管並不能最後取消對方提出的另一種更大的可能性。

主人和朋友談自己的狗：「這是一隻十分出色的看家狗，任何人走近我這房子，牠就會立即讓我知道。」

朋友問道：「牠一定叫得很厲害，不讓陌生人走近吧！」

「當牠飛快的鑽進我沙發下面去的時候，我就知道有人來了。」

有人來了，狗叫，通常是因為機警勇敢的表現；主人在給朋友造成一種對常規因果關係的期待之後，突然往反面一轉，原因恰恰是狗的膽怯，非常規的因果與常規因果之間反差是如此之強，怪異之感油然而生。

有一次，蕭伯納收到著名女舞蹈家鄧肯（Isadora Dunca）一封熱情洋溢的信。信中說，如果他們倆結合，養個孩子，那對後代將是好事，「孩子有你那樣的腦袋和我這樣的身體，那將會多美妙啊！」

在回信中，蕭伯納表示受寵若驚，但他不能接受這樣的好意。他說：「那個孩子運氣可能不那麼好。如果他有我這樣的身體和妳那樣的腦袋，那可就糟透了。」

蕭伯納用的方法是向反面鑽洞，把哪怕是極其微小的巧合的可能性當成立論的出發點，構成對方期待的落空。在這時，蕭伯納的幽默的特點是把自

我調侃（長得不好看）和諷喻他人（腦袋不聰明）巧妙的結合在一起了。

再看蕭伯納的另一個故事：

有一次，蕭伯納脊椎出了毛病，需要從腳跟上截一塊骨頭來補脊椎的缺損。手術做完以後，醫生想多撈一點手術費，便說：「蕭伯納先生，這是我們從來沒有做過的新手術啊！」

蕭伯納笑道：「這好極了，請問你打算付我多少試驗費呢？」

同樣是新手術，醫生以其新而引申出難，意在多索取報酬，而蕭伯納卻把新引向了第一次試驗，反過來說自己的身體成了試驗品。

比這種類型的幽默更具喜劇性的，是有一種完全否定了原來因果關係的幽默方法：

病人問醫生：「我能活到 90 歲嗎？」

醫生檢查了一下病人的身體後問道：「你今年多大啦？」

病人說：「40 歲。」

「你有什麼嗜好嗎？比如說，喜歡飲酒、吸菸、賭錢、女人或其他的嗜好？」

「我最恨吸菸、喝酒，更討厭女人。」

「天哪，那你活到 90 歲要做什麼？」

本來讀者的期望是：戒絕菸酒女人得到肯定的評價，其結果則不但相反，而且把這一切當成了生命的全部意義，否定了這一切，就否定了活到 90 歲的價值，那就是這一切的價值並不是與長命的價值相等，而是高出於長命的價值之上。

反向求因—克服了壞習慣，拿錢有什麼用

　　父親對兒子說：「假如你能克服一切壞習慣，我就給你一萬美元。」

　　兒子回答：「克服了這些壞習慣，我拿了錢還有什麼用？」

　　這是互相排斥的價值判斷。在父親看來，改變惡習是目的，而擁有美元是手段，而兒子的想法是，美元的價值由惡習決定，如果改變了惡習，美元就沒有意義了。由於互相排斥很徹底，故其幽默的戲劇性很強。

不動聲色 ──
裝得像個鄉巴佬的樣子

　　中國古代有一本專門研究笑的專著叫《半庵笑政》，其中有一篇〈笑忌〉，除了指出製造笑料切忌「刺人隱事」、「笑中刀」、「令人難堪」以外，還特別指示：不可「先笑不已」。這個禁忌與美國幽默作家馬克吐溫在〈怎樣講故事〉（How to Tell a Story）中所提出的原則是一樣的。

　　在炮火連天的戰場上，一個士兵的腳受了傷，他請另一個士兵把他背下戰場，可是飛來的彈片把受傷的士兵的頭削去了，而那背著自己戰友的士兵仍舊飛奔不已。

　　這一切被在場軍官看見了，軍官叫道：「你背著個沒頭的屍體跑什麼呀！」

　　那士兵停下來看了看自己背上的戰友，大惑不解的說：「可是他剛才叫我背他的時候，還是有頭的呀！」

　　這個故事自然是很好笑的。可是馬克吐溫說，在美國講這個故事的兩個人卻有不同的講法，一個是一面講一面預料到聽眾會感到可笑，他自己總是忍俊不禁的先笑起來。馬克吐溫認為即使這個人能引動聽眾也跟他一起笑，也沒有什麼講故事的才華。而另一個講故事的人則不這樣，他不動聲色，裝得像個鄉巴佬的樣子，好像他絲毫沒感到這故事有什麼可笑之處。馬克吐溫認為，後者更能引起聽眾的笑聲，而且與前者相比，後者才是個有天才的人。

不動聲色—裝得像個鄉巴佬的樣子

英國著名散文家馬克斯・比爾博姆（Max Beerbohm），在〈送行〉中就是透過不動聲色的幽默，將一件幾乎不可思議的事寫得一本正經甚至理直氣壯，讓人感到了幽默的魅力。

比如：文章寫送行的尷尬，說「互相注視著就像不會開口的動作瞧著人一樣」；被送者出現在列車上時，「已像是一張陌生人的臉 —— 一個巴望討好、哀哀求助的、笨拙的陌生人」，把他的尷尬寫得唯妙唯肖。這種幽默的寫法使文章產生了戲劇性的效果。

毫無疑問，幽默是與可笑連結在一起的，越是使人可笑，越有幽默的效果。但你要明白，發出笑聲是聽眾的事，而不是你這個說幽默語言的人的事。可以說，有一個這樣的規律：在你發揮幽默時越能沉住氣，越在臉部不表現出驚奇，不流露出笑容，也越能產生幽默的效果。

這個規律有相當廣泛、相當普遍的適應性，相聲大師侯寶林的舞臺表演有一個特點，那就是在舞臺上十分放鬆，他的表情，他的臉部肌肉都很鬆弛，他一點也不想顯得比聽眾更早預見到笑聲即將爆發，相反，即使笑聲爆發了，他仍然一副鬆鬆垮垮若無其事的樣子。

可以說，幽默的祕訣之一就是與笑聲、與對於謎底的揭示拉開距離，幽默的大敵不但是「先笑不已」，而且也是後笑不已。你越是做出對笑料無所感應的樣子，你越是成功。

小劉與大劉去某地旅遊。一天，他們在一個小客棧裡歇下了。吃晚飯時，小劉把剛端上來的調味料舀了一勺偷吃了，結果辣得淌下眼淚。

大劉抬頭見小劉在掉眼淚，忙問：「哎，兄弟，你幹嘛哭啊？」

小劉說：「我，想起了死於貧病的父親。」

過了一會，大劉也舀了一匙吃了，同樣被辣得流出了眼淚。小劉故意問：「老兄，你哭什麼呀？」

大劉說：「想起你孤苦伶仃，就忍不住掉淚。」

儘管他倆都被辣出了眼淚，但對他們倆這次旅遊來說，這也許是最愉快的一件事。如果小劉不設「圈套」，一開始就把「真相」說出，那小劉一定是不知幽默之趣的人，也不會有大劉的幽默之辭。

延伸閱讀

從紐約飛往日內瓦時，一位乘客老是糾纏和戲弄機上的空姐，儘管如此，空姐還是耐心的回答他提出的要求。

突然，這位乘客對空姐說：「妳是我見過的耳朵最聾的人。」

空姐不動聲色的回敬道：「而你是我遇到的最可愛的先生。不過，也許我們都弄錯了。」

歪理詭辯—鞋子套在腳上，能說明正在走路嗎

> # 歪理詭辯 ——
> 鞋子套在腳上，能說明正在走路嗎

詭辯雖然違反邏輯規律，做出似是而非的推論。但善用詭辯術的人有時聽起來似乎也能夠言之有理，使人折服，還會產生幽默的效果。

先看一個小案例：

電影放映前，檢票員對一個吸菸觀眾說：「先生，劇場裡不准吸菸。」觀眾問道：「我在吸菸嗎？」「沒吸菸，你嘴裡叼著菸斗幹嘛？」檢票員說。「這能說明什麼？我的鞋子套在腳上，能說明我正在走路嗎？」

雖然是詭辯，但卻讓你無法辯駁，這就是詭辯追求的最終效果。有時候，透過出人意料的申辯，便成了幽默。

這種手法，在清朝紀曉嵐的身上表現得特別明顯。

有一天，乾隆問紀曉嵐：「紀卿，你說這『忠孝』二字怎麼解釋呢？」

紀曉嵐回答說：「君要臣死，臣不得不死，為忠；父要子亡，子不得不亡，為孝。」

乾隆皇帝立即說：「既然這樣，那好，朕現在要你去盡忠，可以嗎？」

「臣領旨！」

乾隆接著問：「你打算怎麼個死法呢？」

「跳河！」

乾隆知道紀曉嵐不會去死，於是就坐在那裡瞪著紀曉嵐。過了一會，紀曉嵐果然回來了。

乾隆笑著說：「你為什麼沒有死呢？」

紀曉嵐說：「皇上，臣走到河邊，正要往下跳。突然河水分開，屈原走了出來，他說『你此舉大錯特錯了，想當年楚王昏庸，我才不得不死。你在跳河之前應該先回去問問皇帝是不是昏君，如果不是昏君，你就不該投河而死；如果是，你再來不遲啊！』」

面對皇帝的戲謔，紀曉嵐巧用屈原之說，金蟬脫殼，真是聰明之至，不愧為一代辯才。詭辯因為不運用正常的邏輯，因而能為人們帶來幽默的效果。

一大清早，妻子爬起來，問丈夫：「你是不是很晚才回來，我彷彿聽見掛鐘剛好打兩下。」

丈夫說：「掛鐘是打了兩下，可它本來應該打十下的，我怕把妳吵醒，就把指針撥過去了。」

丈夫回來得遲，是事實，可丈夫卻死不承認，而且有一套解釋的理由。理由變成了對妻子的好。家庭和睦，幽默是不可少的，因此，應酬多的男士不妨用一用詭辯的方法，給妻子一個無法推翻的理由。

再來看下面的幽默：

一男人和女人宣布離婚，但是兩人都爭奪孩子的監護權。

女人說：「孩子是我生出來的，世界上沒有誰比我更愛孩子，所以孩子應該由我來監護。」

接著該男人說自己的道理。

男人半天無語，過了一會，說：「尊敬的法官，如果我往自動販賣機裡投了一枚硬幣，自動販賣機掉出來一枚糖果，那麼這枚糖果應該屬於自動販賣機，還是應該屬於我呢？」

法官愕然。

歪理詭辯—鞋子套在腳上，能說明正在走路嗎

　　詭辯的幽默之處，就在於既能為人們帶來幽默，又使人覺得對方並不是沒有道理。即使明顯是沒有道理的，但是一時也無法辯駁。

　　在古代，有許多詼諧詭辯的例子。莊子的詼諧詭辯更具有代表性。

　　一天，莊子與好友惠施在濠水邊遊樂。莊子看見有一條魚游動，頓感超然物外。他對惠施說：「魚兒們從容的遊玩，那是牠們的快樂。」

　　惠施立刻反駁說：「你又不是魚，怎麼知道魚的快樂呢？」

　　莊子緊接著說：「你不是我，怎麼知道我不知魚的快樂呢？」

　　一天，莊子帶領弟子在山中行走，看見一個伐木工人站在枝繁葉茂的大樹旁，卻不砍伐，問伐木工人，說其「無所可用」。於是，莊子對弟子說：「此木以不材得終其天年。」

　　出山後，住在一戶農家。主人殺雁款待，主人的小兒子問殺哪隻，主人說殺不會叫的那隻。

　　弟子便問莊子：「昨日山中的樹因為沒有用處得以終其天年，今天主人的雁由於不材卻死了。那麼，先生將何處？」

　　莊子笑著說：「周將處乎材與不材之間。」

　　但在當時那種被學生問得窘迫的情況下，一般的老師礙於面子會很下不了臺的，而莊子卻詼諧的使尷尬解除，輕鬆幽默，帶給人們的不僅是智慧，還有快樂。

　　上面是老師對學生的詭辯，我們再看一個學生對老師的詭辯。

　　一個數學老師說：「算術是不容許懷疑的，比如，一間房子如果由一個人來建造需要十七天，但是，如果十七個人一齊動手，這間房子只需要一天就可建成。」

　　一個學生站起來說：「老師，如果兩百八十八個人一齊動手，一小時就可以建好；一萬七千二百八十個人則只需要一分鐘；如果一百零三萬

六千八百人一齊動手，就只需要一秒鐘。照這樣推算，一艘輪船橫渡大西洋要六天，如果六艘輪船一齊開航，一天就可以橫渡大西洋了。」

老師啞口無言。

延伸閱讀

一位女士去一個水庫裡洗澡，當她剛脫掉衣服要下水時，水庫管理員跑過來說：「小姐，這裡不准洗澡。」

女士生氣了：「為什麼不在我脫掉衣服之前說？」

管理員說：「這裡並不禁止脫衣服啊。」

自我解嘲—雷霆之後必有暴雨

> # 自我解嘲 ——
> ## 雷霆之後必有暴雨

　　自我解嘲是一種幽默，更是人格的一種開放和坦蕩。有人在相聲裡總是拿自己的身高自我解嘲，沒有人嘲笑他，而是感覺他心態真好。如果包裹自己反而讓人感覺不輕鬆。

　　2004 年環球小姐的光環，來自澳洲的珍妮佛‧霍金斯（Jennifer Hawkins），穿著性感金色細肩帶上衣，亮麗現身服裝秀，不料卻發生火辣辣的走光事件。美麗的霍金斯極為尷尬，她以手遮臀，快步躲進後臺。

　　一天後，霍金斯參加一家電視臺的採訪。霍金斯以輕鬆幽默的方式說：「真不好意思，我沒想到會走光，我也知道這一定會成為今晚的新聞焦點，所以我覺得當時沒穿更美的內褲，實在很可惜。」

　　一句自我解嘲的幽默，以四兩撥千斤的方式化解了尷尬。

　　古希臘哲學家蘇格拉底的妻子贊西佩（Xantippe）是個有名的潑婦，常常河東獅吼。傳說蘇格拉底未娶之前，已聞潑婦之名，然而蘇格拉底還是娶她。他的解嘲方法是說娶老婆猶如馴馬。馴馬沒有什麼可學，娶個潑婦，於修身養性的功夫卻大有幫助。

　　有一天其妻吵鬧不休，蘇格拉底忍無可忍，只好出門。正走到門口，他太太由屋頂上倒下一盆水來，正好澆在他的頭上。蘇格拉底說：「我早就料到，雷霆之後必有暴雨。」

　　真虧得這位哲學家雍容自若的態度。這方面的例子很多，又比如林肯的老婆也是著名的潑婦，喜歡破口罵人。

有一天，一個十二、三歲送報的小孩，因為不認識路送報太遲了，遭到林肯太太的百般辱罵。小孩去向報館老闆哭訴，說她不該罵人過甚，以後他再不去那家送報了。這是一個小城，於是老闆向林肯提起這件小事。

林肯說：「算了吧！我都忍受她十多年了，這小孩才偶然挨一次罵算什麼？」這是林肯的自我解嘲。

想要製造幽默，最安全的目標就是你自己。自我解嘲是一招有效的擺脫困境的方法。

運用這種方法，在生活中的各種場合，我們都可以發現笑料，引出笑聲，為人們解除愁悶和緊張。長此以往，你就能獲得一種幽默智慧，能夠承受各種既成事實，更有信心去努力改善現狀，也能夠增加自己的親和力。

有一位員工在上班時間趴在桌上睡著了，他的鼾聲引起了同事們的哄堂大笑。他被笑聲驚醒後，發現同事們都在笑他，有人道：「你的『呼嚕』打得太有水準了！」他一時頗不好意思，不過他立即接過話說：「我這可是祖傳祕方，高水準還沒發揮出來呢。」

在大家一片哄笑中，他為自己解了圍。在幽默的領域裡笑自己是一個不成文的法則，你幽默的目標必須時刻對準你自己。這時，你可以笑自己的觀念、遭遇、缺點乃至失誤，也可以笑自己狼狽的處境。

威廉對公司董事長頗為反感，他在一次公司職員聚會上，突然問董事長：「先生，你剛才那麼得意，是不是因為當了公司董事長？」

這位董事長立刻回答說：「是的，我得意是因為我當了董事長，這樣就可以實現從前的夢想，和董事長夫人同床共枕。」

董事長敏捷的接過威廉取笑自己的目標，讓它對準自己，於是他獲得了一片笑聲，連發難的人也忍不住笑了。

自我解嘲—雷霆之後必有暴雨

幽默一直被人們認為是只有聰明人才能駕馭的藝術，而自嘲又被認為是幽默的最高境界。由此可見，能自嘲的人必然是智者中的智者，高手中的高手。自嘲就是要拿自身的失誤、不足甚至生理缺陷來「尋開心」，對醜處不予遮掩，反而把它放大、誇張、剖析，然後巧妙的引申發揮、自圓其說，博得一笑。一個人如果沒有豁達、樂觀、超脫、調侃的心態和胸懷，是無法做到的。自以為是、斤斤計較、尖酸刻薄的人更是難以望其項背。自嘲不傷害任何人，因而最為安全。你可用它來活躍氣氛，消除緊張；在尷尬中自找臺階，保住面子；在公共場合表現得更有人情味。

美國有一位傳奇式的教練，他帶領的籃球隊曾獲得 39 次國內比賽冠軍。他的球隊在蟬聯 29 次冠軍後，遭到空前慘敗。比賽一結束，記者們蜂擁而至，把他圍個水泄不通，問他這位敗軍之將有何感想。他微笑著，不無幽默的說：

「好極了，現在我們可以輕裝上陣，全力以赴的爭奪冠軍，背上再也沒有冠軍的包袱了。」

教練面對失敗，沒有灰心，將哀聲化為笑聲，將笑聲化為力量，這是多麼令人欽羨的人生境界啊！

延伸閱讀

著名學者胡適曾應邀到某大學講演，他引用了孔子、孟子、孫中山的話，並在黑板上寫下：「孔說」、「孟說」和「孫說」。

最後，他在發表自己的見解時，緊接著鄭重其事的寫下「胡說」二字，使學生在大笑中分享他的自我調侃式幽默，並牢牢記住了他的「胡說」內容。

絮絮叨叨 ——
丈母娘的大女兒，也是我媽媽的大兒媳婦

有時候，說話絮絮叨叨也會成為一種幽默。《大話西遊》裡的詹僧就是一個絮叨的典型。絮絮叨叨的經典語言不絕如縷，令悟空心煩意亂，頭疼不已，產生了搞笑的作用。

我們回顧一下這些經典的對白：

經典一：

（悟空將月光寶盒隨手一拋，正好砸在唐僧頭上。）

唐僧：又做什麼？（悟空與觀音正要動手，突然……）

唐僧：喂喂喂！大家不要生氣，生氣會犯了嗔戒的！悟空你也太調皮了，我跟你說過叫你不要亂扔東西，你怎麼又……你看我還沒說完你又把棍子給扔掉了！月光寶盒是寶物，你把他扔掉會汙染環境，要是砸到小朋友怎麼辦？就算砸不到小朋友砸到那些花花草草也是不對的。

（悟空一把抓住唐僧手中的月光寶盒）

唐僧：做什麼？

悟空：放手！

唐僧：你想要啊？悟空，你要是想要的話你就說話嘛，你不說我怎麼知道你想要呢，雖然你很有誠意的看著我，可是你還是要跟我說你想要的。你真的想要嗎？那你就拿去吧！你不是真的想要吧？難道你真的想要嗎？……

悟空：我要！（悟空一拳將唐僧打倒。）

絮絮叨叨—丈母娘的大女兒，也是我媽媽的大兒媳婦

經典二：

場上搭起一座絞架，唐僧被綁在上面，由兩名小妖看守。

唐僧：你有多少兄弟姐妹？你父母尚在嗎？你說句話啊，我只想在臨死前多交一個朋友而已。

唐僧：所以說做妖就像做人一樣，要有仁慈的心，有了仁慈的心，就不再是妖，是人妖。

（小妖開始嘔吐）

唐僧：唉，他明白了，你明白了沒有？人和妖精都是媽生的，不同的是人是人他媽生的，妖是妖他媽生的……

小妖甲：我受不了啦 —— ！（拔刀自盡）

唐僧：你媽貴姓啊？

小妖乙：啊 —— （精神崩潰）

唐僧：看，現在是妹妹要救姐姐，等一會姐姐會救妹妹的。看，我說對了吧。（這時小妖乙在唐僧身旁上吊自盡了）

人們在偽詐的擠壓下心靈幾近乾枯麻木，絮絮叨叨囉囉嗦嗦卻滋潤了人們的心靈。

法國有一部喜劇電影叫《終極剋星》（Tais-toi!）。主角光蛋就是一位絮絮叨叨的人，他把這種絮叨發揮到極點，他最大的特點就是像個精神病一樣不管遇到什麼人在做什麼，嘴巴都一直不停，像個大傻瓜。

光蛋：你不要老是用一邊的牙齒嚼，這樣腮幫子會變形，你很像我的一個朋友，他的臉也長得像屁股，而且他老是用一邊的牙齒嚼，所以就變成了一邊大一邊小的屁股……用一邊牙齒吃飯的胖囚犯！

光蛋在絮絮叨叨的同時永遠保持一個微笑的樣子。光蛋的武器是他的微笑。光蛋微笑著去搶銀行，櫃檯裡遞出一大堆日幣。

光蛋（憤怒）了：這是什麼？

店員：日幣。

光蛋：我不要日本錢，我要法國的歐元！

店員：我們這裡沒歐元了。

光蛋：沒有歐元？你們這算什麼銀行？

店員：其實，我們只是一家貨幣兌換點。你要搶銀行的話，街角就有一家。

光蛋：怎麼不早說？

五分鐘後，光蛋從街角銀行逃走，路過電影院時忍不住看了兩眼，因此被捕。

說話絮絮叨叨向來為人們所討厭，然而，在某些特定的場合或特殊氣氛中，「絮叨」幾句也無妨。巧妙的運用絮叨語言，不但能活躍談話氣氛，增加談話的趣味，而且還可以使你隨機應變，接受一些正常語言無法勝任的局面。

在一對新人的婚禮上，賓客們故意指著新娘問新郎：「這位是誰呀，也不介紹介紹？」新郎略思片刻，順口答道：「她是我丈母娘的大女兒，也是我媽媽的大兒媳婦。」

絮絮叨叨的對答，說得賓客們哄堂大笑。按常理，像這樣的問話，可簡練的回答：「她是我妻子。」而新郎卻繞了幾個圈子，一下子使婚禮的氣氛活躍起來。

可見，有時候，絮絮叨叨是一種相當親切的語言，在一些送別、歡聚等場合，適當的絮叨，往往會使人感到溫暖、體貼，或感受到你對某種事物的重視。

絮絮叨叨—丈母娘的大女兒，也是我媽媽的大兒媳婦

延伸閱讀

有位好事者，經常搜集他人隱私。當他得知鄰居小李的妻子比小李大7歲時，便來到小李家，想取樂一番。

他問小李：「你妻子多大了？」小李知道此人不懷好意，便沒好氣的答道：「年齡30，性別女，她比我大7歲，我比她小7歲，她的年齡減7是我的年齡，我的年齡加7是她的年齡……還有什麼需要知道的嗎？」

位移眞義 ——
漏香檳比漏水要好

人們總希望自己能言善辯，能夠妙語連珠、幽默詼諧的和周圍的同事、朋友們交談。或許，「位移真義」法這種幽默技巧能為你的談吐增色。

「位移真義」法就是思維傾向的偏離，把心理重點移到另一主題上，而不是原來的主題。人們常用這樣的詞詢問，如：怎麼、怎麼樣、什麼樣等。對於這類問題的回答，「位移真義」法往往會有意料不到的幽默和機智效果。

首先讓我們從一則幽默短文裡品味一下「位移真義」法幽默技巧的妙處。

在一次軍事考試的面試中，主考的軍官問士兵：「一個漆黑的夜晚，你在外面執行任務，有人緊緊的抱住你的雙臂，你該說什麼？」

「親愛的，請放開我。」報考者和婉的回答。

也許乍一看，我們會莫名其妙，可等你回過神來，恍然大悟時，一定會忍俊不禁的。「親愛的，請放開我。」一般是情人間親暱的用語，軍官問的是想知道他的士兵怎樣對付突襲者，而年輕的士兵則理解或者說故意理解為戀人抱住他雙臂時，他該說什麼。把原心理重點「怎樣對付抱住他雙肩的敵手」，巧妙的移到另一個主題 —— 「怎樣對付抱住他雙肩不放的情人」。這就是我們所說的「位移真義」法。

😊 位移真義—漏香檳比漏水要好

人們說的話，往往字面意義與說話人想表達的意義並不完全一致，我們暫且稱它們為表義和真義。將人們說的話的真義棄之不顧，而取其表義，是「位移真義」法的根本技巧。

有位女士到雜誌社編輯部對總編說：「我有個笑話要投稿，請你們在雜誌上發表。」

編輯看過稿子後，說：「小姐，可是這笑話有些冷。」

女士馬上說：「沒關係的，你們就在夏天發表它吧。」

在這裡，總編話的表義是幽默有點冷，而真義卻是這幽默不適合發表。這位小姐的聰明之處在於，雖然對總編的真義很清楚，但故意置之不顧，而拾起話的表義，很機智的幽默了一番。

每個人說話，都有一定的前提，但這些前提往往具有公認性，而被大家心照不宣的省略掉了。位移這些前提，需要敏銳的頭腦和很強的邏輯推理能力。

以「位移真義」法位移前提而成的幽默往往令人笑口常開。請看下面的一個例子：

房客對房東說：「我沒辦法再忍受下去了，這屋頂一刻不停的往我房間裡漏水。」

房東反駁說：「你還想怎麼樣？就您那一點錢，難道還想漏香檳不成。」

這的確是個很精湛的幽默。房客話的真義是「不論漏的是什麼都有礙於他。」但是老成的房東卻故作懵懂不知，將它位移為「漏香檳比漏水要好」。

長官到連隊巡查，爭趕上兵們吃午飯。

長官問一個士兵：「伙食怎麼樣？」

這個士兵回答道：「報告長官，湯裡泥土太多。」

長官聽了非常生氣，說：「你們當兵是為了保衛國土，而不是挑剔伙食！」他大聲斥責，「難道這個道理都不懂？」

士兵立刻畢恭畢敬的立正，接著斬釘截鐵的說：「長官，我們懂！但是我們不能吃掉泥土！」

在這裡，長官說的國土是「國家領土」，但是士兵說的則是「泥土」，顯然兩個人說的不是同一回事。士兵抓住「土」這一資訊，並將其生發開去，不無關聯的與國家的形勢、國土的淪喪和軍人的職責密切的結合在一起，既表現了這個軍人的幽默，又巧妙的達到了改善伙食的目的。

位移真義這種幽默手法，政治家經常使用，他們往往借助對方刁難、責備時的某些字眼或慣用詞彙將計就計，把「髒水」反潑到對方頭上或以此來分散人們的注意力，造成一定的幽默效果。

有一次，美國總統林肯正在演講，一位先生遞給他一張紙條。

林肯一看，只有兩個字 —— 傻瓜。

林肯非常鎮靜的說：「我自從當總統以來，收到過很多匿名信，都是只有正文，不見署名。而今天正好相反，剛才那位先生只署上了自己的名字，卻忘了給我寫信。」

林肯顯然知道「傻瓜」二字是針對自己的，但是他卻轉換了一種說法，立刻扭轉了局面。

如果能辨明話的真義與表義，就可以應用這種「位移真義」法製作出許多幽默來。要運用這種幽默技巧，關鍵是要抓住對方的開場闡述，主要有兩點內容：

一是，認真耐心的傾聽對方的開場闡述，歸納弄懂對方開場闡述的內容，思考和理解對方的關鍵問題。

位移真義—漏香檳比漏水要好

二是，如果對方開場闡述的內容與我方意見差距較大，不要打斷對方的闡述，更不要立即與對方爭執，而應該先讓對方說完，認同對方之後再巧妙的轉開話題，從側面進行談判。

延伸閱讀

當你向老闆請假的時候，他這樣回答你：

你想請一天假？看看你在向公司要求什麼？

一年裡有 365 天你可以工作。

一年 52 個星期，你已經每星期休息 2 天，剩下 261 天工作。

你每天有 16 小時不在工作，去掉 170 天，剩下 91 天。

每天你花 30 分鐘時間喝咖啡，加起來每年 23 天，剩下 68 天。

每天午飯時間你花掉 1 小時，又用掉 46 天，還有 22 天。

通常你每年請 2 天病假，這樣你的工作時間只有 20 天。

每年有 5 個節假日公司休息不上班，你只做 15 天。

每年公司還慷慨的給你 14 天假期，算下來你就工作 1 天，而你還要請這一天假？

老闆在這裡把一年的工作時間給移花接木了。

外語內說 ——
「鼓搗貓膩」笑死人

什麼是外語內說？就是用一般人說話的方式或用中文的意思解釋外語。

第一種說法大家肯定都嘗試過，就像剛開始學英語的時候，不會讀，便用中文標注上讀音一樣。

比如：在英文下面用漢字注音，注「三克油」（謝謝），注「海漏」，以及「鼓搗貓膩」，還有「倒過來拉屎」（道格拉斯），甚至還有「死得離奇」（人名）等，為我們提供了不少笑料。

我們再來看個例子：

據說一位父親檢查兒子的英語課本時，看到了「極其恐怖」的一頁：

爺死（yes）、奶死（nice）、爸死（bus）、媽死（mouth）、哥死（girls）、我死（was）、妹死（Miss）、氣死（cheese）、都死（does）、死光（school）……

這就是外語內說的妙處，內說得好便可產生幽默來。

一個母親從小教孩子英語，時間一長，孩子對英語失去了興趣。於是這位母親就開始教他了。

「potato（土豆），很好記！馬鈴薯也圓圓的，但它的表面常常有傷，尤其是那些比較爛的，看起來簡直像恐怖電影裡的僵屍！對不對？那不就對了，『破的頭』啊！」

外語內說—「鼓搗貓膩」笑死人

　　其實是將外國的語言用一種「醜陋」的方式講出來、一種能讓我們感覺到自己高明的錯誤。而在構造上它是一種形式上的錯位，是一種互涉結構，由一個發音把「土」、「洋」兩種毫不沾邊的意思統一起來了，遂形成表層和深層兩重意思，而這兩種意思又嚴重錯位，相互干涉，使人形成心理跌宕，笑料百出。

　　比如，英超切爾西隊有個球員名叫「DUFF」，官方的翻譯是「杜夫」，一點趣味都沒有，要是把他叫成「獨夫」，是不是更有意思。甚至有的人將「切爾西」歪曲成了「切兒媳」，夠搞笑，一不小心你就會把它當成一部兒童不宜的恐怖片。

　　韓劇《大長今》的主題歌〈呼喚〉，也有人把它「音譯」出來教大家唱：

　　武大郎武大郎挨豬打（武大郎挨打了，還挨豬打，反映了韓國人民對西門慶的強烈鄙視和仇恨，稱其為豬），挨打了挨打了挨豬打了（一唱三嘆，更加強烈的表達感情）！

　　打了你打了豬，葫蘆打地（借景抒情，反映了武大郎挨打時候雞飛狗跳的場面）！

　　啊弟弟，啊弟弟，阿弟怒咧（武二郎怒從膽邊生，武大的弟弟武松上火了，怒吼了，集氣了）！

　　踹呀，踢啊，挨打的那頭豬，哭去嘍，哭他媽，他就完啦（在武松的連續技強攻之下，西門慶一敗塗地，哀號至死）！

　　武大郎武大郎挨豬打（武松在大哥墳前哭訴），他打啦他打啦挨豬打了（怒斥西門慶的惡行）！他打你他也痛混蛋打你（他把你的女人帶走，他也不會快樂很久）！

　　啊你弟啊你弟啊弟哭咧（你弟弟武二郎在此用他人頭祭奠你了）……

這是一個非常絕妙的運用「外語內說計」製造出來的幽默，完整的形成了一個人們耳熟能詳的傳統故事，難怪一段時間裡膾炙人口！

　　外語內說的第二種，便是透過中文的語法結構說外語。

　　比如，下面的例子：

- **放馬過來，給你點顏色看看**：release your horse and come, I'll give you some color to see see.
- **好好學習、天天向上**：good good study, day day up.
- **紅顏知己**：red face know me
- **馬馬虎虎**：horse horse tiger tiger
- **沒臉見人**：have no face see person
- **美中不足**：American Chinese not enough
- **你不鳥我，我也不鳥你**：you don't bird me, so I don't bird you.
- **你妻子真漂亮／哪裡哪裡**：your wife is beautiful / where where
- **你去不去？你不去我去！**：You go no go? You no go I go!
- **你認為你是誰？**：What do you think, who are you?
- **你問我，我去問誰**：you ask me, me ask who.
- **親愛的王小姐**：dear wang little girl
- **死豬不怕開水燙！**：die pig not pa hot water tang!
- **鑽石王老五**：diamond wang old five

　　是不是非常搞笑，我們來看一場非常經典的對話：

　　客服人員：「Hello.」（你好。）

　　老外：「Hi.」（你好。）

　　客服人員：「You have what thing?」（你有什麼事情？）

外語內說—「鼓搗貓膩」笑死人

老外：「Can you speak English?」（你能和我說英語嗎？）

客服人員：「If I not speak English, I am speaking what?」（如果我不是在說英語，那我在說什麼呢？）

老外：「Can anybody else speak English?」（這裡有別的人能說英語嗎？）

客服人員：「You yourself look, all people are playing, no people have time, you can wait, you wait, you not wait, you go!」（你自己看看，所有的人都在忙著，沒有人有時間，你能等你就等，你不能等你說走！）

老外：「Good heavens. anybody here can speak English?」（我的天啦，這裡沒有人能講英語嗎？）

客服人員：「Shout what shout, quiet a little, you one have what thing?」（嚷什麼嚷，安靜一點，你還有什麼事情？）

老外：「I want to speak to your head.」（我要找你們的主管。）

客服人員：「Head not zai. You tomorrow come!」（主管不在，你明天來！）

延伸閱讀

一個公司主管會見外商，要求翻譯要嚴格按她的意思翻，不許走樣。外商一見到這位女主管，立刻按照西方的習慣拍馬屁道：「Miss ××, you are very beautiful.」

翻譯照翻，主管心花怒放，嘴上還要謙虛一下：「哪裡，哪裡」。

翻譯不敢怠慢，把她的話翻成英文：「Where? Where?」

外商一愣，乾脆馬屁拍到底：「Everywhere, everywhere。」

翻譯：「妳到處都很漂亮。」

主管更高興了，但總是要客氣一下：「不見得，不見得」。

翻譯趕緊翻成英文：「You are not allowed to see, you are not allowed to see.」

難得糊塗 ——
把兩百平方公尺的別墅換成洋房

俗話說：聰明難，糊塗更難。在非原則問題上不去計較，無疑可以提高心理承受能力，避免不必要的精神痛苦和心理困惑。在一些事情上，不糊塗而裝糊塗，幽默應變，可以使雙方都能從窘迫中「拔」出來。

據說，這是民國時期某要員視察某大學的一些演講片段 ——

諸位，各位，在齊位：今天是什麼天氣？今天是演講的天氣。開會的人來齊了沒有？沒來的舉手，很好，都來了。

……你們都是大學生，中學生和留洋生，你們這些烏合之眾是化學化的科學科的，都懂七八國的英語，兄弟我是大老粗，連中國的英語都不會。你們是筆筒裡爬出來的，我是從炮筒裡鑽出來的，今天能在這裡講話，真使我蓬蓽生輝，感恩戴德。其實我沒資格對你們演講，講起來嘛就像對牛彈琴。

……最近委員長倡議的新生活運動我贊成，就是有一條「行人靠右走」我不贊成，實在太糊塗了，大家想想，行人都走右邊，那左邊留給誰啊？

……還有件事，兄弟我想不明白，人家外國人都在城市建設大使館了，就缺我們國家的。我們國家為什麼不在那裡建設個大使館？

……我剛才跑過操場時，看到一群學生在搶一個球。十多個人穿著短褲，為一個球搶來搶去，多不雅觀。明天叫你們總務處派人到我府上領筆錢，多買些球，最好是人手一個，免得在大庭廣眾下失態……

這些令人捧腹大笑的話，穿插在演講中，令其演講瀟灑風趣。莎士比亞在其著作《第十二夜》中，讓主角說出了這樣一句話：「因為他很聰明，才能裝出糊塗人來。徹底成為糊塗人，要有足夠的智慧。」特殊場景中的假裝糊塗其實是一種機智的應變。

在一些意外的場合，常常碰到一些意想不到的事情，處理不好著實使人尷尬萬分。此時要化解難堪，不妨假裝糊塗。

有一次，一位男導演因為拍攝雜事擾心，上廁所時稀裡糊塗的走入了女廁所。

直到一個女演員「啊」了一聲，急忙抱膝隱蔽。導演才發現自己進錯了門。

「胡先生，外面正等你開機！」

導演喊出了男明星的名字後，便氣沖沖的退了出去。廁所裡的女演員在驚恐之餘，長吁了一口氣。

這位導演故意以糊塗到底的做法，不使女演員感到羞怯而了結此事，真是高明。

難得糊塗法的妙處在於真則假之，假則真之，正話反說，反話正說，先是迷惑對方，然後大家都能體面的從困窘中「拔」出來。有時候，我們也可以把智慧隱藏糊塗後面，使其產生幽默。下面是俄國詩人普希金（Pushkin）的一個「糊塗」故事。

普希金年輕的時候經常參加貴族們在家裡舉辦的沙龍，不過，那時候的他還不是很有名氣。

有一次，在聖彼得堡一個公爵家裡舉辦的舞會上，他邀請一位年輕而漂亮的貴族小姐跳舞，這位小姐十分傲慢的說：「我不喜歡和孩子一起跳舞。」

普希金微笑著說：「對不起，親愛的小姐，我不知道妳懷著孩子。」

說完，很有禮貌的鞠了一躬。

普希金用假裝糊塗的辦法巧妙的回擊了無禮的貴族小姐，使自己體面的下了臺。類似這種突發情況下的假裝糊塗，其實是一種高超的機智應變的手段。

兩個陌生人在別人的介紹下約會。小姐問先生：「你是自己開車來的嗎？」先生搖搖頭：「不是。」

「你有洋房嗎？」

「沒有。」

小姐訕笑道：「那麼，看來我們也沒有緣分！」

先生無可奈何的起身，自言自語道：「難道非要我把司機辭退自己開車，把兩百平方公尺的別墅換成洋房嗎？」

這位先生的糊塗裝得真是有水準，聽完這位先生的「自言自語」，小姐一定會後悔自己有眼無珠，同時也會為自己嫌貧愛富的勢利心感到無比羞愧。

延伸閱讀

一天在公車上，由於擁擠，一男一女發生了碰撞。

時髦女郎回頭飛眼道：「你有病啊？」

男子覺得莫名其妙回道：「妳有藥嗎？」

車上人竊笑！

女子非常生氣回道：「你有精神病啊？」

男子冷面對道：「妳能治啊？」

全車人爆笑！

公車司機停車，趴在方向盤上大笑！

裝瘋賣傻 ——
電話怎麼一直都聽不清楚

　　這個世界，誰比誰傻？裝瘋賣傻，博人一笑，雖看似貶低了自己，但地不畏其低方聚水成海，人畏其低方孚眾成王。

　　美國總統威爾遜（Thomas Woodrow Wilson）在擔任紐澤西州州長時，接到華盛頓的電話，被告知，他的朋友，代表紐澤西的議員去世了。

　　威爾遜非常震驚，立即取消了自己當天的一切活動。

　　在他要出門的時候，來了一個電話，是紐澤西州一位政治家的電話。電話那頭，這位政治家支支吾吾的說：「州長……有一件事我必須現在對你說。我希望代替那位議員的位置。」

　　威爾遜慢吞吞的說：「好吧，如果殯儀館同意，我本人完全贊同。」

　　很明顯，那位政治家說的意思是想要代替那位議員的政治地位。威爾遜雖然知道他的企圖，但他故意裝傻，把打電話的政治家所要代替的「位置」，利用語言的歧義說成是「死人躺下的地方」，既讓那位鑽權者啼笑皆非，也給予他有力的嘲弄。

　　在中國古代，也有這樣的例子：

　　有一個叫艾子的人。有一天下大雪，艾子的孫子在外面玩雪球，把自己弄得一身溼。艾子特別生氣，就剝去了孫子的衣服，讓他在雪地上罰跪。

　　兒子看著非常心疼，苦苦的哀求父親。

　　可是艾子說什麼也不答應。

這時候，兒子便把身上的衣服統統脫光，跟自己的兒子一起跪在雪地上。

艾子很驚奇，百思不得其解，問他兒子為什麼要這樣做。

他的兒子哭著說：「你懲罰我兒子，我也懲罰你兒子。」

艾子的兒子在這裡運用的就是裝傻的方法，其實裝傻有時候就是以守為攻的最好武器！

再看一個例子：

一群人聚餐。上菜了，服務人員先端上來一個涼拌菜。接著是幾碟配料、醬汁什麼的。

服務人員上菜的時候，一不小心，把一滴醬汁灑在一位客人的褲子上了。

客人很生氣，陰沉著臉問服務人員：「怎麼辦呀？」

服務人員很冷靜的說：「怎麼辦都行。」

「那你說怎麼辦吧？」

「你想怎麼辦就怎麼辦。」

「那你們以前怎麼辦的，今天就一樣辦了。」

「要不我幫您辦了？」

「好呀。」

服務人員非常俐落的把幾碟配料、醬汁全倒在菜上，一手拿筷子，一手拿勺子，刷刷幾下就拌好了。

然後，對客人說：「先生，拌好了，可以吃了。」

客人瞪著眼睛，不知說什麼好。

把油灑在客人的衣服上，該怎麼辦，應該很清楚，但是裝傻，當作不知，什麼事都沒有發生，而且巧妙的轉移話題。將「辦」理解成

「拌」，既解決了突如其來的事件，又替客人帶來了快樂。

　　裝傻屬於答非所問的一種，即回答別人問題時，利用語言的歧義性和模糊性，故意錯解對方的說話。這種說話方式在回答對方的問題時，往往都會出奇制勝，產生特別的幽默感。

　　有個人拿了一份詩稿到報社要求發表。編輯看完後，說：「這首詩是你寫的嗎？」

　　這個人其實是抄襲了一首泰戈爾的詩，但他還是大言不慚的說：「是的，每一句都是我寫的。」

　　這時，編輯裝作很認真的說：「泰戈爾先生，很高興能見到你，我還以為你已經死了很多年啦。」

　　抄襲了別人的詩卻厚顏無恥的說是自己的。編輯知道這一點，卻不明說，因為說「你這首詩是抄襲泰戈爾的」就會很平淡，也不會給抄襲者更深刻的教訓。於是，編輯便說了上面的話，看似瘋話，實則頗具幽默意味，不僅在精神上，而且在人格上進行了辛辣挖苦，此外，還展現了編輯個人極深的文化修養。

　　有時候，我們偶爾裝瘋賣傻愚弄自己，也是替我們的內心化上一層妝，透過誇大自己的弱點來安慰其他人。

　　比如：

　　一天，四個人無事可做，坐在一起聊天。

　　甲說：「我們四個人是要好的朋友，今天既然沒事可做，我們不如趁這個機會，談一下各自的缺點，以便彼此了解。」其他三個人都同意。

　　甲說：「我平時喜歡喝酒，而且常常是看見酒就不要自己的命了，不醉不罷休。」

　　其他三人聽完吃了一驚，心想，我一定要說得比他更慘些，要不他會

為自己的缺點感到難過的。

接著，乙說：「既然你如此坦誠，我也實話實說吧，我這人好賭，沒錢的時候，也想借錢去賭，甚至想偷錢去賭。」

其他人又大吃一驚。

丙接著說：「聽了你們的話，我真是傷透腦筋了，你們不知道我的苦啊。我最近喜歡上了鄰居家的一個女兒，而且是一個有夫之婦。」

其他人更加吃驚。輪到丁了，可是他默不作聲，其他三個人問他怎麼不說。

丁沉默了一會，才說：「我真是難以啟齒啊。」

「沒事，你說出來，我們一定保密，不會說出去的。」

丁說：「我有一個改不了的毛病 —— 好傳閒話。」

▌延伸閱讀

這是一個飯店接線生接通的國際電話通話內容：

陳：是老吳嗎？我是老陳啊！

吳：哦，好久不見了！

陳：最近還好嗎？

吳：很好，有什麼事。

陳：我有事想請你幫忙……

吳：什麼事？

陳：我想向你周轉 20 萬元。

吳：什麼？

陳：我想向你借 20 萬元。

吳：你說什麼？我聽不清楚……

陳：我想向你借 20 萬元！

吳：奇怪？電話怎麼一直都聽不清楚？

接線生：吳先生，電話明明很清楚，他說要向你借 20 萬，怎麼會聽不清楚呢？

吳：你聽得清楚，那請你借給他！

鈍化攻擊—得吃一對鯨魚才行

鈍化攻擊 ——
得吃一對鯨魚才行

鈍化攻擊，就是用適當的誇張使攻擊性虛幻化，顯得不刻薄，反而有親切感。如果你能恰如其分的鈍化攻擊的鋒芒，就可以遊刃有餘的以更有效的方式來表達你的想法，並避免弄僵人際關係。

美國作家赫伯特魯（Dr. Herb True）在書中說了一個這樣的小故事：

有個人走到鄰居門口，手裡拿著一把斧頭說：「我來修理你的電唱機了。」只要他不把鄰居的電唱機砸壞，他便恰當的表示了對鄰居的電唱機太嘈雜的音響的不悅，而用不著對他大發雷霆。

這裡的攻擊性由於斧頭只能碰壞而不能修理電唱機而鈍化了，其妙處就在這種器非所用的荒謬性上。如果拿了斧頭說，我要砸你的電唱機了，只能顯得粗魯；或者拿了萬用表說，我來替你修修，只能顯出他好心，卻不能讓人發出會心的微笑。

在運用鈍化攻擊幽默法時，你首先要減少攻擊對象的情緒，不然就無法發揮你的幽默感。

比如：

有一家住戶，水管漏得厲害，院子裡已經積滿了水。修理工人答應馬上就來，結果等了大半天才見到他的身影。他懶洋洋的問住戶：「現在情況怎麼樣啦？」

住戶說：「還好，在等你的時候，孩子們已經學會游泳了。」

住戶顯然運用的是誇張化的手法，但是鋒芒被鈍化，淡化了對修理工

人的不滿攻擊。如果住戶沒有原諒修理工人的心理，直接斥責，一旦修理工人的性格也不好，定會使矛盾變嚴重，而於事無補。

再看一則：

一位初學寫作者向馬克吐溫寄去一封信，信中說：「聽說魚骨裡含有大量的磷，而磷是補腦的，那麼要成為一位大作家，是不是必須要吃很多的魚呢？」

馬克吐溫的回答只有一句：「看來，你得吃一對鯨魚才行。」

從問話就可看出這位讀者不是當作家的料，可是馬克吐溫把回答的鋒芒鈍化了，沒有直接說出來。鯨魚極大，絕不是一個人能吃得下去的，何況是兩條！這樣就把回答中攻擊性的含意虛幻化了，讓對方感到這並不是一種很認真的回答，但是其絕對不可能吃下與絕對不可能成為作家恰成正比。

在一本書中，有這樣一段話很值得引用一下：

幽默是民族修養的表現，往往潤飾並調解著人際關係，比如在公共場合，在公車上，一個人踩了另一個人的腳卻毫無反應，被踩的這個人就會以幽默的語言表示意見，說聲：「對不起，是我的腳放得不是地方。」對方拘於面子，自然會向他道歉。一個年輕人坐在「孕婦專用座」上面，孕婦則站在旁邊被擠。聰明的另一個年輕人就會在他面前大聲的唸：「乃婦專用座」，他更正說：「錯了，是孕婦。」年輕人立即告訴他說：「孕婦在這裡。」

這兩個例子都是把批評性的意向間接化、淡化，從反面提醒對方，喚醒對方，讓對方減少被攻擊的被動感覺，從而主動的順從你的誘導。不過，這也得看對方是否有起碼的幽默感，如果沒有，仍然無動於衷，就很可能引起公憤，爆發一場衝突，其結果是攻擊的鋒芒銳化，而不是鈍化。

鈍化攻擊—得吃一對鯨魚才行

延伸閱讀

　　相傳蘇東坡的臉很長而且多鬍，其妹蘇小妹額頭相當突出，眼窩深陷，蘇東坡以詩非常誇張的強調了他妹妹的深眼窩說：「數次拭臉深難到，留卻汪汪兩道泉。」

　　妹妹反過來譏諷哥哥的絡腮鬍子：「口角幾回無覓處，忽聞鬚內有聲傳。」

　　哥哥又回過來嘲笑妹妹的「突額頭」：「邁出房門將半步，額頭已然至前庭。」

　　妹妹又戲謔性的嘲笑哥哥的長臉：「去年一滴相思淚，今朝方流到腮邊。」

大事化小 ——
剩下的地方種亞麻

在社交中，小衝突起來時最好馬上把它化解，大事化小，小事化無，不要讓衝突擴大。我們也可以運用這種手法，製造種種幽默。大事化小的幽默法不僅有助於我們擺脫交際生活中的困境，而且能夠產生融洽人際關係的作用，使人們在幽默的語言中，感到溫馨快樂。

玲玲和龍龍夫妻倆，總是吵架。而且一吵起來，就是針尖對麥芒寸步不讓。龍龍更是寸土不讓，唯理至上六親不認。吵架到後來，便常常轉彎變成為彼此的態度而吵架了，玲玲為此憤憤不平卻無計可施。到後來，兩人就像老鼠和貓一樣，誰也見不得誰。

歡歡和樂樂兩夫妻的關係就處得比較融洽，兩人雖然也為一些雞毛蒜皮的事吵，但是最後總能讓樂樂的一句幽默話，將大事化小。

這天，樂樂和朋友喝了一晚上酒，蓬頭垢面的跑回家。歡歡很生氣，不讓樂樂進門，劈頭蓋臉的數落了一大堆話。聽到後來，樂樂實在撐不住了，便板起臉，一本正經的說：「好好好，妳了不起，妳說得有理，不就是長得漂亮嗎？」一句話，讓歡歡眉開眼笑。

吵架的表現很能見出夫妻雙方的性情。不過，再有性格也不要耍在妻子身上，想想雖千萬人也只選這一個娶，心會不軟嗎？因此，男人不妨大方點，來點大事化小的幽默潤滑劑。

在我們日常的社交生活中，這種大事化小、小事化無的幽默更是處處可見，時時運用。

大事化小—剩下的地方種亞麻

有一位年近古稀的老人過生日時，一家子為老人設家宴祝壽。正當全家人眾星捧月似的圍坐在老人身旁，一邊喜氣洋洋的談笑風生，一邊敬酒吃菜時，突然聽到「叭」的一聲巨響，原來是準備今年考大學的孫子碰倒的熱水瓶炸開了。

孩子頓感手足無措，大家也有喜慶日子大煞風景的感覺。

爺爺一驚之後，哈哈一笑說：

「這熱水瓶早該碎了，孩子今年考大學，不能停在原來的『水平（水準）』上。今天他在這喜慶的日子裡，打破了舊水瓶，這不僅像為我的生日放了鞭炮一樣，而且也是他考上大學的好兆頭，你們說是不是這樣啊？」

一席話說得一家大小哈哈大笑，生日喜慶的氣氛更加熱烈了。擺脫了窘境的孫子也不好意思的跟著大家笑了。

在這裡，爺爺運用的就是大事化小的幽默法。他巧妙的利用「水平（水準）」和水瓶的諧音連結在一起，既化解了這椿意外的煞風景事件，又讓孩子高高興興的擺脫了困境，產生了一箭雙鵰的作用。

延伸閱讀

初學理髮的學徒，在顧客的頭上劃破了好幾個傷口。每出現一個流血的傷口，他就撕一塊棉花一捂。後來，顧客疼痛難忍，便大聲嚷道：「行啦！我的半顆頭讓你種上了棉花，剩下的地方讓我種點亞麻吧！」

吊足胃口 ——
這包子裡有人

　　吊足胃口其實就是設置懸念。製造懸念是一個非常有用的幽默技巧，是抓住聽眾的好辦法。方法是，先說出一個令人吃驚的「結論」，即從「另類」的角度說出結果，然後巧言解釋，使接受者產生心理落差，「期望值」突然落空，笑聲便出。

　　一個人在餐廳裡吃包子，他吃著吃著，忽然喊道：「哎呀，這包子裡有人！」

　　顧客們一聽，都圍攏來看熱鬧，服務生很生氣，說：「你怕是瘋了吧！包子裡哪來的人？」

　　那人說：「你說包子裡沒人，怎麼內餡裡有人的頭髮呢？」

　　食客首先聲稱「包子裡有人」，真是危言聳聽！把大家的注意力吸引過來之後，才解釋「人」在何處，這個解釋雖然有強詞奪理的意味，但正因為如此，他引起的笑聲才會更大。

　　有一次。林語堂受邀出席一個宴會，飯畢，主人說仰慕林語堂大名，請他臨時做個發言。吃人嘴短，林語堂再不情願，不講兩句也說不過去。

　　他嘆了口氣，做深呼吸，挺胸走到臺前：「諸位，我講個小笑話，助助消化。」

　　聞名遐邇的幽默大師要發言，大家都豎起了耳朵。

　　林語堂慢悠悠的說：「古羅馬時代，皇帝常指派手下將活人投到競技場中被野獸吃掉，自己在活人撕心裂肺的痛苦喊叫和淋漓的鮮血中欣賞。

吊足胃口─這包子裡有人

一日，皇帝投了一個人進去，那人卻一點也不害怕。他走到獅子面前，在牠耳邊說了幾句話。獅子後退了幾步，掉頭就走。皇帝想，可能是獅子病了，胃口不好，於是命人放了一隻餓了好幾天的老虎進去。那人還是不懼，走到老虎身邊耳語一番，老虎竟然也灰溜溜的逃走了。

「皇帝大為吃驚，他將那人招來，問：『你究竟向獅子和老虎說了什麼話？』」

「那人說：『其實很簡單，我告訴牠們，吃掉我很容易，可是吃了以後得臨時講兩句，演講一番。』」

聽者大笑不止。

林語堂運用的就是這種巧吊足胃口的幽默技巧，把觀眾的好奇心高高吊起，使他們心思浮離，不知道葫蘆裡賣的什麼藥，結尾時突然來這麼一句，頓時笑倒了一片。

再看一例：

一個失去妻子的丈夫買了 5 個麵包，回來的路上遇到了一位朋友，便笑著對朋友說：「瞧，我又買了 5 個麵包。一個我吃，兩個還債，另兩個借貸。」

朋友大吃一驚，問是什麼意思。

他不慌不忙的說：「兩個給父母吃，是還債；兩個給孩子吃，不是借貸嗎？」

笑話裡的丈夫用「還債」、「借貸」說麵包，很「財政」，很自然的讓聽眾起了好奇之心。後面一解釋，原來是這麼個「還債」和「借貸」！聽眾心裡落空，當然要發出笑聲。

這種幽默更多的是出人意料，在出人意料中富含幽默。

據說著名畫家豐子愷成名後，中國國內各大報刊紛紛刊載他的作品，

報導他的事蹟。有一家報社卻反其道而行之，刊登了一幅題名「豐子愷畫畫不要臉」的漫畫作品，一時全國譁然，紛紛指責該家報社。

不久，這家報紙上又刊登了一則啟事，說豐子愷先生畫藝高超，只需要三畫兩畫，不待臉部畫成，就已經唯妙唯肖栩栩如生了，豈不是「不要臉嗎？」眾人這才恍然大悟。

先把自己的思路引入對方思維的軌道，然後，來個急轉彎，把對方置入困惑的境地，即讓對方「迷了你的道」，再用關鍵性話語一語道破，發揮畫龍點睛的作用。讓聽眾出乎意料，捧腹大笑。

我們來看在生活中這一方法是如何被運用的：

夫妻倆逛大街，妻子突然抓住丈夫的手臂，緊張的說：「老公，那個男的一直在看我！」

丈夫說：「別理他！他有神經病。」

妻子奇怪的問：「你怎麼知道他有神經病的？」

丈夫說：「他不有病，能看妳嗎？」

然後丈夫就怪叫一聲，手臂上出現了一塊青紫。

這個丈夫也太會設置懸念了，隨隨便便就把人家戴上了「神經病」的帽子，但也因此極大的勾起了妻子的好奇心，然後他一解釋，妻子才知道上了當，當然要賞他一塊青紫。

在日常生活中，你經常會遇到這種情形，只要充分激發起你的思維，就既能讓你的聰明才智得到發揮，又能讓你的實際目的達到，這才是最重要的。幽默的最高境界即在於此。

值得注意的是，在運用「吊足胃口」的幽默技巧時，必須要注意兩點。首先，不要故弄玄虛，讓人不著邊際。任何幽默都要求自然得體、順理成章。如果做得很明顯，就不但不能讓人產生幽默，反而會覺得無聊

吊足胃口—這包子裡有人

乃至反感。其次，要做好充分的鋪墊，最好能在聽眾的急切要求下再將「謎底」洩露出來，做到天衣無縫，不要急於求成，讓聽眾對結果產生錯誤的預料。然後再把結果娓娓道來，以使聽眾有個緩衝時間來領略幽默的趣味。

延伸閱讀

女生看到喜歡的戒指，拉著男友過去看。

看了一下子，男生問女生：「真的喜歡嗎？」

女生一直點頭，帶著懇求的眼神。

於是男生問店員：「請問，這個戒指多少錢呀？」

店員說：「打折後，8,888 元。」

男生正有點遲疑要付錢，這時候他女朋友竟然說：「老公，看你那麼體貼，我也付一半錢。」

男友很開心，有這種老婆應該很不錯，會幫自己分擔。

接著女生掏出了 88 元，說道：「老公，我出一半了，剩下的交給你。」

曲解詞語 ——
夏天胖、冬天瘦，熱脹冷縮

　　故意對某些詞句的意思進行歪曲的解釋，叫做曲解詞語法。這種幽默方法可以滿足一定的語言交際需求，增加輕鬆愉快的談話氣氛，更好的協調人際關係。

　　一位女孩問自己的戀人：「小張，你怎麼夏天胖，冬天瘦啊？」

　　年輕人應聲而答：「這叫熱脹冷縮嘛！」一句話逗得女孩咯咯笑個不停。

　　這裡，年輕人對「熱脹冷縮」做了曲解。

　　詞語有它固定的含義，絕大多數不能按其字面的意思來直接解釋，而典解詞語法卻偏偏「顧名思義」，突破人們固定的思路或者說跳開常理，從而產生幽默感。

　　語文課堂上，老師問道：「『待人接物』是什麼意思？」一學生起立說道：「就是待在我家裡，等著接受別人送的禮物。」教師：「啊？哎！少壯不努力，老大徒傷悲呀！」這學生接口道：「那沒關係，我是老二！」

　　地理考試時，老師要學生簡略描述下列各地：

　　阿拉伯、新加坡、好望角、羅馬、名古屋、澳門。

　　其中小明這樣寫：從前有個老公公，大家叫他阿拉伯，有一天他出去爬山，當他爬到新加坡的時候，突然看見一隻頭上長著好望角的羅馬直衝過來，嚇得他拔腿跑進名古屋，趕緊關上澳門。

　　曲解詞語法就是利用語言的多義性，即明知是甲義，偏理解為乙義，

有意混淆它們，以求產生幽默的效果。

曲解詞語法除了經常「顧名思義」、「利用多義」之外，還常利用音同音近的諧音。比如，歇後語即是用這種曲解詞語的手法創造成功的。當你使用這些歇後語時，也就是在不知不覺的使用曲解詞語法。如：

嗑瓜子嗑出臭蟲來了 —— 什麼仁（人）都有

硬石頭醃鹹菜 —— 一鹽（言）難近（盡）

一二三五六 —— 沒四（事）

從上面我們可以看出，強烈的幽默效果往往產生於故意曲解某些詞語的含義中。所以，當你使用曲解詞語法時，一定要讓人感到你是故意曲解詞語，而不是「無意」，否則，也許會讓人以為你是天字第一號的大傻瓜。然而，特定的語境加上你的曲解，會使你表現出自己的智慧的。

延伸閱讀

上鞋不用錐子 —— 真（針）好

隔著門縫吹喇叭 —— 名（鳴）聲在外

耗子掉水缸 —— 時髦（溼毛）

拽著鬍子過馬路一牽鬚（謙虛）

黃花女做媒 —— 先人後己

老太婆吃黃連 —— 苦口婆心

骨頭塞在喉頭 —— 不吐不快

蒙面人出場 —— 不留臉面

比喻諧趣 ——
真理是赤裸裸的

　　心想的事物與另外的事物有了類似點，就用另外的事物來描述心想的事物；即用某一個事物或情境來比喻另一個事物或情境。這種打比方的修辭手法就叫做比喻。比喻的刻意誇大便成了幽默。

　　錢鐘書的《圍城》精彩絕倫，只要是看過該書的人想來都不會反對這個觀點。單是其中的比喻，就足以讓我們開懷半天。

　　比如：

- 有人叫她「熟食鋪子」，因為只有熟食店會把那許多顏色暖熱的肉公開陳列；又有人叫她「真理」，因為據說「真理是赤裸裸的」，而鮑小姐並未一絲不掛，所以他們修正為「局部的真理」。

- 方鴻漸被鮑小姐一眼看得自尊心像洩盡了氣的橡皮車胎。……他全無志氣，跟上甲板，看他們有說有笑，不容許自己插口，把話壓扁了都擠不進去；自覺沒趣丟臉，像趕在洋車後面的叫花子，跑了好些路，沒討到手一個小錢，要停下來卻又不甘心。

- 父親道：「人家不但留學，而且還是博士呢。所以我怕鴻漸吃不消她。」 —— 好像蘇小姐是磚石一類的硬東西，非鴕鳥或者火雞的胃消化不掉的。

- 唐小姐嫵媚端正的圓臉，有兩個淺酒窩。天生著一般女人要花錢費時、調脂和粉來仿造的好臉色，新鮮得使人見了忘掉口渴而又覺得嘴饞，彷彿是好水果。她的眼睛並不頂大，可是靈活溫柔，反襯得許多

比喻諧趣—真理是赤裸裸的

女人的大眼睛只像政治家講的大話，大而無當。古典學者看她說笑時露出的好牙齒，會詫異為什麼古今中外詩人，都甘心變成女人頭插的釵、腰束的帶、身體睡的席，甚至腳下踐踏的鞋襪，可是從沒有想到化作她的牙刷。她頭髮沒燙，眉毛沒鑷，口紅也沒擦，似乎安心遵守天生的限制，不要彌補造化的缺陷。

她忙到窗口一看，果然鴻漸背馬路在斜對面人家的籬笆外站著，風裡的雨線像水鞭子正側橫斜的抽他漠無反應的身體。她看得心溶化成苦水……鴻漸忽然回過臉來，狗抖毛似的抖擻身子，像把周圍的雨抖出去，開步走了。

以上的文字，用兩個字說，就是「幽默」。

人們幽默是為了描繪事物，或闡述道理，或表述情感，要把這些東西表述得生動具體，使讀者印象深刻，並不是一件容易的事。如果能運用貼切的比喻，就能化難為易，具有說服力。

在莫里哀（Molière）的喜劇《太太學堂》裡，阿南解釋人為什麼「吃醋」，為什麼生氣：

阿南：「我向你打個比喻，你就清楚了。你端著一碗湯，來了一個餓鬼，要喝掉你那碗湯，你不單生氣，還要揍他，你說對不對？」

堯：「對，這話我懂。」

阿南：「吃醋完全跟這一樣，女人確實就是男人的湯。一個男的看見別人有時候想嘗嘗他的湯呀，馬上就大發雷霆。」

幽默所採用的比喻手法和一般修辭意義上的比喻在審美要求方面是截然不同的。一般的比喻以貼切、神似、諧調為原則，但幽默反其道而行之，刻意追求由反差過大或因對比荒謬所造成的不諧調，這是比喻在幽默表現方法中的一種特殊用法。

比喻之所以能造成幽默氛圍，是由於它往往用意料之外、又在情理之中的話語使人獲得「豁然貫通」的美感享受，或是混淆崇高與鄙俗的區別，使得情感鬱積得到巧妙釋放，從而轉化為幽默的笑。

　　比喻是幽默藝術中常用的方法之一，有明喻、暗喻和借喻等多種使用方法。

　　造成幽默氛圍的可以是明喻 —— 由本體、喻體、喻詞三部分構成：

　　比如：

　　殿試三甲為「同進士出身」，偶有三甲者問人曰：「進士則進士耳，何『同』之有？」其人曰：「此猶『夫人』與『汝夫人』之別耳。」相與一笑。

　　也可以是暗喻 —— 由本體、喻體兩部分構成：

　　一家眼鏡公司刊登這樣一則廣告：

　　「眼鏡是靈魂的窗戶。為了保護您的靈魂，請為您的窗戶安上玻璃。」

　　還可以是借喻 —— 以喻體來代替本體，本體和喻詞都不出現。

　　比如：

　　男老師對吵鬧不休的女學生說：「兩個女生就能頂一千隻鴨子。」不久，老師的另一半來找老師，一個女學生趕忙找那位男老師：「老師，樓下有五百隻鴨子找您。」

延伸閱讀

　　老大爺：

　　愛情是一盆麵粉，水跟麵粉和在一塊，你得揉，才是愛情。

　　生活是一張餅，不能光好看，得能吃，得過日子。

　　婚姻就是一鍋粥，你得熬啊熬，越熬越……

比喻諧趣—真理是赤裸裸的

老婆就是一盤鹹菜，這個東西少了不行，多了還麻煩。

開計程車的小李：

愛情就是車軲轆。四腳著地，要不老在天上飄著不實在。

生活就是開車走的那道。寬了寬走，窄了窄走，別進死胡同，裡面掉不過頭來。

老婆就是警察。她老盯著你，走到哪裡都跟著，你別犯錯，犯錯就逮你。

買菜的老王：

愛情是啥？情是瓜。生瓜半熟也能吃，越老熟透了味越濃。

生活是大白菜。剝了一層又一層，剝了一層又一層，內容豐富，層出不窮。

老婆就是黃瓜。嫩的時候頂花帶刺，人人搶，老了挺順溜，卻沒人要了。

張冠李戴 ——
你在西，我在東，爬過一座山就到了

張冠李戴原意是說把姓張的帽子戴到姓李的頭上，比喻認錯了對象，弄錯了事實。在說話的過程中如果不直接表述某種事物，或不直說某事某人的名稱，而是用其他相關的詞語、名稱來取而代之，也能產生幽默。

我們在觀賞馬戲團的演出時，經常會覺得那些穿人類服裝的猩猩、猴子之類非常滑稽可笑，因為獸類本來不具有文明的特徵，把人類文明的東西強加於動物身上，自然給人不協調感，所以容易為之發笑。這就是張冠李戴造成的喜劇效應。說話也是這個道理，故意的用甲來代替乙，並使之在特定的環境中具有不協調性，且意味深長，便是幽默了。

比如：

一個記者請某主管談談他保持身體健康的經驗。主管笑著回答：「經驗只有一個，那就是保持進出口平衡。」一句話，讓在座的人都笑了。

「進出口平衡」本是外貿行業裡的一個術語，卻被這位主管借代到飲食養生問題上來，其言外之意是不言而喻的，既說明了新陳代謝對身體的重要意義，又在不協調的借代中造成一種大與小的反差，聽之趣味無窮。這位主管選擇的「帽子」無疑是十分恰當的，因其恰當，才使人產生了豐富的聯想，在聯想中咀嚼出幽默的味道。

選擇恰當的「冠」，主要有兩個管道。一是從現成的行業術語、專業術語、政治術語中去選擇，像前面提到的「進出口平衡」就屬此類，相對來講，這樣的選擇比較容易。二是在交際過程中選擇適當的詞語來完成

張冠李戴—你在西，我在東，爬過一座山就到了

換名，這種選擇和應用相對要難一些，但只要替代得好，更有現場效果和機智的幽默感。

有的幽默能使人在忍俊不禁的大笑中引起思索，體會到蘊含的哲理；有的幽默又能在人們嬉笑之後引以為戒。

有一次，生物學家在講課，突然，一個學生在下面學雞叫，課堂裡頓時一片哄笑。這時，生物學家鎮定自若的看了看自己的手錶不急不徐的說：「我這支錶誤事了，沒想到現在已是凌晨。不過請同學們相信我的話，公雞報曉是低等動物的一種本能。」

這種「張冠李戴」的幽默批評，對學生們起了警策的作用。

延伸閱讀

小李看上了辦公室的小張，總來套交情。可小李的口才有限，聊到沒話講的時候便開始沒話找話。

一天，小李又來找小張，小張不耐煩的說：「你怎麼成天往這裡跑啊？還讓不讓我工作了？」小李笑著說：「我感覺我們挺有緣的才找妳聊天啊，妳姓張我姓李，多有緣啊！」

小張冷笑了一聲問他：「我不明白姓張和姓李會有什麼緣分？」

小李說：「有個成語叫張冠李戴，妳的帽子我都能戴，這不就是緣分嘛！」

小張無言以對。

沒多久，小李又問起小張的老家，當他得知小張老家在某地的時候，故作驚訝的說：「太巧了，妳在西，我在東，爬過一座山就到了，挺近嘛！」

先順後逆 ——
把老婆當成公有財產

所謂先順後逆，就是先順承對方的意思，對對方所說的話加以肯定，然後急轉直下，說出相反或不同的觀念。

先順後逆不在乎力量的強弱，而在於掌握語機，語機把握準了，即可達到「四兩撥千斤」的效果。

這種幽默方式細細分析，可以分為以下幾種類型：

補充說明法

先肯定對方的說法或順承對方的意思加以回答，然後再補充說明，使之符合邏輯。

一次，派翠克・馬奧尼與好友蕭伯納夫婦談了許多問題，當他們談到各人的愛情糾葛時，馬奧尼問蕭伯納的夫人：「您是怎樣與您丈夫那些眾多的女性愛慕者和平共處的？」

蕭伯納的夫人沒有直接回答，而是講了一則軼事。

她說：「在我們結婚以後不久，有一位女演員拚命追求我丈夫，她威脅說，假如見不到他，她就要自殺，她就會心碎……」

「那麼，她有沒有心碎而死？」

「確實如此，她死於心臟病。」蕭伯納打斷了談話插進來說，「不過那是 50 年以後的事了。」

蕭伯納先順承對方的意思做肯定的回答，然後再補充說明，使之符合事實，也使語言引人入勝。

附加條件法

即先順承對方的意思，然後轉換一個口氣附加一個條件，這個條件往往是事實上不可能的或主觀無法做到的。

如以下兩則小幽默：

有一次，義大利音樂家帕格尼尼（Paganini）為了趕到一家大劇院演出，急急忙忙跨上一輛馬車，他一邊催車夫快點，一邊向車夫問價。

「先生，你要付我 10 法郎。」馬車夫知道他是大名鼎鼎的音樂家，便有意訛詐他。

「你這是開玩笑吧？」帕格尼尼吃驚的問道。「我想不是。今天人們去聽你一根琴弦拉琴，你可是每人收 10 法郎啊！我這個價格不算多。」

「那好吧，我付你 10 法郎，不過你得用一個輪子把我送到劇院。」帕格尼尼對於車夫的敲詐勒索沒有義憤填膺而斷然拒絕，而是先同意付款，然後提出了一個令車夫無法做到的條件：用「一」個輪子（就像自己的「一」根琴弦）把他送到劇院。這客觀上便產生了拒絕勒索的作用。

某馬戲團有一個重要的節目：馴獅表演。一個年輕漂亮的女馴獅員，手拿指揮棒，讓獅子做高難度的動作，表演到高潮時，女郎口中含一塊糖，讓獅子用舌頭接過去。

為了渲染氣氛，馬戲團的經理問觀眾：「哪位觀眾敢上來試一試？」臺下一片沉默，誰也不敢接招。

突然有位男士應聲答道：「我敢。」

觀眾一下子把目光聚集到他身上，停了片刻，他接著說：「不過，我要演獅子。」

馬戲團經理是要觀眾與獅子一同表演，但是由於在「試一試」的前面省略了「與獅子」三個字，這便給了那位男士可乘之機，他先出人意

料的做出肯定的回答，然後來一個轉折，從而開了一個令人忍俊不禁的玩笑：他要上去與那位女馴獅員接吻。

藉口推脫法

即先答應對方的要求，然後又尋找藉口加以推脫。宋代的范正敏在《遯齋閒覽》中記載了這麼一個故事：

富貴權勢之家從新科進士中挑選女婿，是相當普遍的現象，其中也有內心雖不樂意而迫於權勢不得不應允者。

一天，某權貴之家看中一名年輕進士，便派十名家丁去強行相邀。年輕進士沒有推辭，跟隨而來。到這家之後，立即引來不少人圍觀。

沒多久，衣著華貴的主人出來，對進士說：「我膝下只有一女，相貌倒也不俗，願許配給郎君，不知意下如何？」

進士先鞠躬，後答道：「我出身貧寒，能高攀貴人，深感榮幸。不過，這件事要等我回家與妻子商量之後才能答覆，你看如何？」眾人知其早已成親，無不大笑，主人則滿面羞慚。

新科進士對於權貴之家的冒失逼婚，不直接推辭，而是恭敬的應允，然後藉口說要與妻子商量，不僅說明了自己有妻室，而且還顯示出對妻子的尊重，大有「糟糠之妻不下堂」之勢。

延伸閱讀

1894 年，英國著名劇作家蕭伯納的新作《武器與人》問世了。首次公演就獲得了盛大的成功，在雷鳴般的掌聲中，蕭伯納終場時應邀上臺與觀眾見面。

不料，他剛走上舞臺，就有一個人大唱反調，他歇斯底里的喊道：「蕭伯納，你的劇本糟透了，誰要看！收回去，停演！」

先順後逆—把老婆當成公有財產

　　全體觀眾大為驚訝，也替蕭伯納捏一把汗。這種場面尷尬極了，觀眾們以為蕭伯納準會氣得七竅生煙。

　　可是蕭伯納不但沒有生氣，反而滿面笑容的鞠了一躬，溫文爾雅，彬彬有禮的對臺下說：「是的，我的朋友，你說得好，我完全同意你的意見！」

　　話音剛落，蕭伯納緊接著說：「但是，很遺憾，我們兩個人反對這麼多觀眾有什麼用呢？我們能禁止這個劇本演出嗎？」全場頓時哄笑，緊接著響起暴風雨般的掌聲。

附錄：幽默招式破解

伴隨著一段輕鬆愉快的閱讀之旅，相信讀者對於變化多端的幽默有了更深的認識。在本書的末尾，編者將精心挑選的各種幽默呈現在讀者面前，希望讀者在品味這些小幽默的同時，運用本書所學到的訣竅，將幽默的招式各個破解。同時，編者將破解的答案，列在每則幽默之後，供讀者參考。

1.

「牛牛被開除了。」

「為什麼啊？」

「考試抄襲。」

「情節很惡劣是嗎？」

「在生理健康科考試中，他居然數自己的肋骨，結果被發現了。」

（極度荒謬）

2.

物理課上，老師正在講振動和共鳴，為讓學生理解，老師提問道：「如果我朝魚塘扔一塊石頭，會發生什麼現象？」學生異口同聲的回答：「罰款 500 元！」

（位移真義＋轉移概念）

3.

老師：「同學們，火箭為什麼能上天？誰能回答這個問題。」過了很久沒人回答。剛打完瞌睡的小明醒來後，一問旁邊的同學，就站了起來：「老師，這個問題太簡單了。」

老師感到意外：「那就請你就回答吧！」

「老師，你想火箭的屁股都著火了，它能不蹦上天嗎？」

（故意歪解）

4.

樂樂：小花，你用我的鉛筆了嗎？

小花：沒有，我沒用。

樂樂：你真沒用？

小花：我真沒用！

樂樂：唉，你是第 17 個承認自己沒用的人了

（巧設圈套）

5.

牧師對買了他馬和馬車的農夫說：「這匹馬只能聽懂教會的語言，叫『感謝上帝』牠就跑，叫『讚美上帝』牠才停下。」

農夫將信將疑，他試著喊了一聲：「感謝上帝」，那匹馬立刻飛奔起來，越跑越快。一直跑到懸崖邊上，驚恐的農夫才想起讓牠停下來的口令「讚美上帝」。

果然，馬停下來了。死裡逃生的農夫長出一口氣：「感謝上帝。」

結果，撲通一聲……

（出人意料）

6.

一農戶在殺雞前的晚上餵雞，不經意的說：「快吃吧，這是你最後一頓！」第二日，見雞已躺倒並留遺書：「爺已吃老鼠藥，你們別想吃爺了，爺也不是好惹的。」

（出人意料＋極度荒誕）

7.

寒冷的冬天，兩個乞丐在大街上徘徊。

「我真餓，我感覺我現在能吃下一頭牛！」乞丐甲說。

「我也是，簡直餓死我了，如果我們倆面前這根電線桿能吃的話，我絕對能吃掉一整根。」乞丐乙不甘示弱。

（吹破牛皮）

8.

一個秀才去趕考，見作文題目是「項羽拿破崙論」，這個秀才只知道項羽，卻不知道拿破崙是什麼意思。想了半天，終於提筆寫道：「夫項羽者，蓋世英雄也。有拔山扛鼎之力，萬夫不擋之勇。千斤巨鼎楚霸且單手而舉之。況一區區破輪（崙）而不能拿乎！」

（曲解詞語）

9.

「自然總是使人得到報償，比如：如果一個人瞎了一隻眼睛，他另一隻眼睛的視力就會變得更強；如果一個人聾了一隻耳朵，他的另一隻耳朵就會變得更靈敏。」一個人正滔滔不絕。「我認為你的確有道理。」另一個人打斷他的話，說：「依此類推，當一個人的一條腿比另一條短時，另一條腿總較長一些。」

（將謬就謬＋先順後逆）

10.

一位老太太說：「過去我總是把黃金藏在床墊下面，人家告訴我那個地方最不安全。現在我把它們放在箱子裡了。」

「妳難道不怕忘記放在哪個箱子裡嗎？」有位鄰居問她。

「不怕，」她回答

「我在床墊下面放了一張字條『 黃金放在黑皮箱子裡 』。」

（出人意料＋實話實說）

11.

兒子：「爸爸，《 史記 》是什麼？」

爸爸：「笨蛋，死記就是死記硬背，不會靈活掌握，懂嗎！」

（曲解詞語）

12.

老王看了電視廣告，去商店買自行車。但他發現商店裡所有的自行車都沒有前燈。老王問：「廣告裡的車上不是有前燈嗎？」

店員說：「廣告裡的車上還有個漂亮女生呢，你也想要？」

（歪理詭辯）

13.

甲：「老頭，你為什麼把別人的小麥倒入你自己的麻袋裡？」

乙：「因為我是個半瘋的人啊。」

甲：「既然是半瘋的人，那為何不把自己的小麥倒入別人的麻袋裡？」

乙：「那我就成了完全的瘋子啦！」

（歪理詭辯）

14.

小孩哭著來找媽媽。

「怎麼了，孩子？」

「爸爸不小心，槤頭砸著他自己的手指頭了。」

「你哭什麼？」

「因為我剛才笑了……」

（出人意料）

15.

公園的椅子上坐著一位老婦人，一個小孩子走過來。

「婆婆。您的牙還行嗎？」

「已經不行了，都掉了。」

於是小孩子拿出一包開心果，說：「請您替我拿一拿，我去打球。」

（出人意料＋巧設圈套）

16.

「如果你有一個梨，我再給你兩個，你會有幾個梨？」

「不知道。我們學校算算術用的都是蘋果。」

（本末倒置）

17.

一位婦女走進食品店，對店員說：「小姐，今天早上我買了 10 公斤馬鈴薯，您在找錢時算錯了 30 塊錢。」

「那您當時為什麼不向我聲明？」店員微帶惱怒的回答，「現在說已經太晚了。」

「那好，」婦女平靜的說：「那我就收下了這 30 塊錢吧。」

（出人意料＋順水推舟）

18.

一位年輕人為了在女朋友面前顯露才華，把自己的素描拿出來讓她欣賞。

「不錯，和我弟弟畫的水準不相上下。」女友說。

「你弟弟是讀美術的嗎？」

「不，他是三年級小學生。」

（先順後逆）

19.

兒子:「媽媽,老鼠跳到水桶裡去了!」

媽媽:「你快把牠弄出來。」

兒子:「不必了,我把貓也扔到水桶裡去了。」

(極度荒謬)

20.

「救火!救火!」電話裡傳來了緊急而恐慌的呼救聲。

「在哪裡?」消防隊的接線員問。

「在我家!」

「我是說失火的地點在哪裡?」

「在廚房!」

「我知道,可是我們該怎樣去你家呢?」

「你們不是有消防車嗎?」

(望文生義)

21.

甲:「你那隻會說話的鸚鵡還活著嗎?」

乙:「唉,別提了,想不到我養了一星期,牠就死了。」

甲:「是病死的?」

乙:「不,牠和我太太比賽說話,說到力竭而死。」

(極度荒謬)

22.

甲到醫院做健康檢查,護士拿了針要替他抽血,甲看著閃閃發亮的針頭忍不住問:「會不會痛啊?我怕痛!」

護士說:「放心好了,我做了二十幾年的護士……」

甲說：「太好了，我放心了。」然後護士一針扎下，只聽到某甲殺豬般的一聲慘叫……

護士緩緩接道：「沒有一次不痛的……」

（巧設圈套）

23.

一對年輕的夫妻吵嘴後，彼此不開口了。

過了幾天，先生忘了吵架的不愉快，想和太太說話，可是太太就是不理他。

後來，先生在所有的抽屜、衣櫥裡到處亂翻，弄到太太忍無可忍，問：「你到底找什麼呀？」

「謝天謝地，」先生說：「我總算找到了妳的聲音。」

（故賣關子）

24.

小明對參加田徑賽跑到最後一名的好友說：「你跑了最後一名真沒面子。」

沒想到小明說：「怎麼沒面子，你沒看到他們 7 個人被我追得直跑嗎？」

（故意歪解）

25.

丈夫：你怎麼煮的？這牛肉餡餅沒有煮熟。

妻子：可我是按照食譜燒的呀，食譜上的做法是供四個人吃的，而我們只有兩個人，所以我就減去了一半的材料，當然啦，煮的時間也比書上講的少了一半。

（機械模仿）

26.

一個觀眾拿著電影票走進電影院。可是過了一會，又走出來買了一張票，再走進電影院。售票小姐覺得很奇怪，可是還是賣給他。

結果又過了一分鐘，又見那個人走向售票口，再買了一張票。這次售票小姐就問他說：「你不是已經買了票了嗎？幹嘛還要再買啊？」

那個人就很生氣的說：「我怎麼知道！每次我一走進電影院，就有一個人把我的票撕掉。」

（出人意料＋吊足胃口）

27.

小明：「你知道嗎？我爸爸說人是從猴子轉變過來的。」

大呆：「亂說，我才不信！」

小明：「是真的。我爸從來不會騙我的！」

大呆：「喔？那好！你回去問問你爸爸，他以前是住哪家動物園的？」

（反向求因）

28.

有一天，張先生和張太太又冷戰了。誰也不肯先和對方說話。

因為第二天一大早要開會。於是，張先生拿了一張紙條給張太太，上面寫道：明天早上七點叫我起床。

第二天早上，張先生起床時已經八點了。他又急又氣，正想找太太理論，突然發現桌上有一張紙條，上面寫道：死鬼，七點半了，還不趕快起床。

（借力使力）

29.

你站在陽臺上，享受細雨的朦朧，想到坎坷的人生，你的臉溼了，嘴角有一種酸苦澀鹹的味道。是雨水還是淚水？你抬頭仰望天空：啊！誰家小孩在樓上撒尿！

（惡搞經典）

30.

有一天外面下大雨，老師滿臉雨水的走進教室，在講桌前不知道找著什麼東西，找了一會就問前排的同學：「我擦紙的臉呢？」滿堂哄然大笑。

（顛倒次序）

31.

小偷偷了一隻雞，正在河邊拔毛。突然，一個警察走了過來，小偷急忙把雞扔到河裡。

警察問：「你在做什麼？河裡是什麼東西？」

小偷說：「那是一隻雞，牠要過河去，我在這裡幫牠看衣服。」

（裝瘋賣傻）

32.

一個人看到朋友穿了一雙鱷魚皮鞋，大為羨慕。一問之下，價錢昂貴非凡，他便決定親自獵殺一隻鱷魚。

他找到一個沼澤，跳下水去和一隻鱷魚惡鬥許久，好不容易把鱷魚拖上岸，卻大嘆一口氣道：「浪費了那麼多時間，這隻鱷魚竟然沒穿鞋。」

（謬上加謬）

33.

動物園裡一頭大象死了，管理員在旁邊失聲痛哭。遊客們都說，他平日一定很喜歡這頭象，所以不忍大象死去。

一位知道內情的人說：「不，按規定，他要負責為大象挖個墓坑。」

（出人意料＋同因異果）

34.

媽媽：「小明，你吃糖為什麼不分給小妹妹吃？你看老母雞找到小蟲，統統給小雞吃，你該學習母雞呀！」

小明：「好吧！如果我找到小蟲，也統統給小妹妹吃好了。」

（實話實說）

35.

修理工人去醫生家修理電視機，發現他那部電視機用了十年，已經破舊不堪了。醫生沿襲職業用語，說：「你開個處方吧。」修理工人對著電視機默默看了一陣，說：「我看只能寫驗屍報告了。」

（順水推舟）

36.

一個女售票員和丈夫一起乘涼，過了一會，兩個一起往家裡走。女的先進門，順手就把門關上了。丈夫在外面大吼：「開門，我還在外面呢！」

沒想到妻子在裡面叫道：「吵什麼吵，等下一班車吧！」

（職業輻射）

37.

· 東風夜放花千樹，

　　—— 掛著彩燈的聖誕樹，到夜晚格外漂亮。

· 更吹落、星如雨。

　　—— 強光一照，飾片閃閃，似璀璨流星如雨落下。

· 寶馬雕車香滿路。

　　——原來「寶馬（BMW）」是正宗中國品牌的轎車！「雕車」？我的自行車啦，上面坑坑窪窪，當然是雕出來的。「香滿路」？那麼多美麗佳人，能不香嗎？

· 鳳簫聲動，

　　——聲響效果。舞曲伴奏，簫聲悠揚，是慢三步。

· 玉壺光轉，

　　——光線效果。舞場中間的大光球在轉啊轉，紅橙黃綠……

· 一夜魚龍舞。

　　——舞棍們魚龍混雜，狂歡通宵。

· 蛾兒雪柳黃金縷，

　　——你看這些嬌娘們帶的首飾，金銀珠翠滿身，打扮得真漂亮！

· 笑語盈盈暗香去。

　　——聽著她的盈盈笑語，聞著她身上飄來的暗香，沉醉在這美妙的意境中，想像著……咦？她哪裡去了？

· 眾裡尋他千百度。

　　——找啊找，那心上的人兒在何方？

· 驀然回首，那人卻在，燈火闌珊處。

　　——猛一回頭，哇！她竟然躲在昏暗的角落裡……

（顛覆經典）

38.

小女孩問媽媽說：「媽媽，妳頭上為什麼長出白髮來呢？」

媽媽回答道：「因為女兒不聽話，媽媽的頭上才會長出白頭髮啊！」

這時，小女孩心領神會的說：「現在，我可知道了，為什麼外婆的頭髮全白了。」

（借力使力）

39.

「先生，我家裡一隻大公雞把你花園裡的花弄壞了，我真過意不去。」

「太太，妳不用道歉了，我的狗已經把妳的大公雞吃掉了。」

「那太好了，我剛開車的時候，正好把你的狗輾死了。」

（借語作橋）

40.

一位年輕女士從浴缸裡站起來，正要去拿毛巾，突然她發現一個正在工作的刷窗工人看見了她。

她嚇得渾身癱軟，怔怔的望著那人。

「您怎麼了，太太？」那人問：「難道您從來沒有見過刷窗工人嗎？」

（故意歪解＋反問脫身）

41.

每逢大嫂發脾氣，哥哥總是二話不說，跑到廚房操起菜刀就磨。磨刀霍霍中，大嫂嚇得花容失色，立刻住嘴。

一場內戰還沒開始，就結束了。

小明忍不住問大哥：「大嫂怕你殺她？」

大哥很得意的說：「哪裡，她是怕我自殺。」

（不動聲色）

42.

一天早晨，小郎依舊坐上了那班公車，又出現那位心儀已久的女孩。他終於鼓起勇氣，寫了張紙條給她。

「小姐，我想和妳做個朋友，如果妳願意，請將紙條傳回，否則就請丟出窗外，讓它隨風而逝吧！」

紙條很快傳回來，小郎忍不住的高興。嘴角微微上揚，充滿自信的打開紙條，只見紙條上寫著：「對不起，窗戶打不開。」

（出人意料）

43.

一天，兩個不同國家的人在吹牛。

一個說：「我們國家的橋很高，人從上面跳下去，十分鐘才跌落水中摔死。」

另一個說：「那算不了什麼。在我們國家，人從橋上跳下，沒到底就餓死了。」

（吹破牛皮）

44.

「嘿，丹尼爾，」鄰居女孩薩比娜一看見丹尼爾就氣呼呼的告狀：「你家的貓剛才把我的小黃雀吃了！」

「謝謝妳告訴我，薩比娜，」丹尼爾很有禮貌的說：「這樣，今天我就不餵牠吃晚餐了。」

（難得糊塗）

45.

兩個人在互相吹牛。

一個人說：「我們國家有人新近發明一種機器，將活生生的肥豬從機器

的這邊入口趕進去，從機器的另一頭就會源源不斷的跑出美味香腸來。」

另一個人說：「這沒什麼了不起，這種機器在我們國家已經有了改進。如果香腸不合胃口的話，把香腸送回機器，肥豬就從另一頭跑出來了。」

（吹破牛皮）

46.

朋友們總在勸小麗：「妳年紀不小了，該結婚了。這事妳得主動些，難道妳還打算坐在家裡等妳的丈夫從天上掉下來嗎？」

沒過多久，小麗嫁給了一位傘兵，他在一次跳傘訓練時落在小麗的院子裡。

（極度荒謬）

47.

年輕人問一老者：「您已年近古稀，年輕時候的願望都實現了嗎？」

老者：「年輕的時候，老婆責備我時總揪我的頭髮。當時我想，要是沒有頭髮就好了。今天，這個願望算是實現了。」

（另闢蹊徑＋自我解嘲）

48.

職員：「老闆！」

老闆：「什麼事？」

職員：「我老婆讓我來要求您提拔我。」

老闆：「好吧！我今晚回家問問我老婆是否能提拔你。」

（借力使力）

49.

一男士紅腫著雙眼來上班，同事問：「怎麼了？」

「昨天我在街上走，一個小姐的裙子被風吹起來了，我好心幫她拉下來，她竟給我左眼一拳！」

「那右眼呢？」

「我以為她不喜歡把裙子拉下來，就又幫她掀上去了。」

（謬上加謬）

50.

孩子：「媽媽，在公車上爸爸叫我讓座給一位太太。」

媽媽：「兒子，你應該這麼做呀。」

孩子：「可是，我當時坐在爸爸的懷裡。」

（實話實說）

51.

一個人在深山迷了路，經過三天三夜的亂走，終於看到一縷炊煙。他興奮的跑過去，看到一個衣衫襤褸的男子，正在地上烤一隻老鼠吃。

他將背包一丟，大聲喊：「謝天謝地，我迷了三天三夜的路，終於遇到了一個人。」

那男子也嚇了一跳，不過洩氣的說：「朋友，我已經迷了六天六夜的路了。」

（吊足胃口）

52.

一個體態肥胖的女人來到一家肉攤前，要買四公斤七兩五錢的豬肉。

「妳也太絕了，」店員說，「乾脆買五公斤算啦！」

胖女人忙解釋說：「你不知道，我正在減肥，已經減掉了四公斤七兩五錢，我就想看看這是多大的一塊肉。」

（出人意料）

53.

小明：「爸爸，為什麼母雞的腿這麼短？」

爸爸：「傻瓜，連這都不懂！要是母雞的腿長了，下蛋時，蛋不是會摔破嗎？」

（張冠李戴）

54.

「我的男友變心了，他說要殺我。」

「他出差還沒回來，妳怎麼知道的？」

「他信上寫的。」

「信上？」

「是的，他說：『見面時我一定要刎妳』。」

（文字遊戲）

55.

「生活中女人需要男人，」妻子對丈夫說：「可是，同樣男人也離不開女人。」

「男人為什麼需要女人呢？」丈夫問。

「如果世界上沒有女人，誰來幫男人的褲子釘鈕扣呢？」

「如果世界上沒有女人，那誰還需要褲子呢！」

（借力使力）

56.

「先生，您遲到了。」電影院看門人對一個姍姍來遲的老人說，「電影早就開演了，我不能放您進去。」

「您只要把門開一點小縫，」老人懇求道，「我悄悄的進去，不會影響別人。」

「不行。」看門人十分緊張，「只要開一點小縫，觀眾就會擠出來跑掉了。」

（出人意料）

57.

父親：「你知道為什麼袋鼠的肚子前面有個袋子？」

小孩：「我想一定是用來裝小袋鼠的。」

父親：「但小袋鼠的肚子前面也有一個袋子，這又做何解釋呢？」

小孩：「那肯定是用來裝糖果的！」

（同因異果）

58.

老王在餐廳坐了很久，看到別的客人吃得津津有味，只有他仍無侍者來招呼，便起身問老闆：「對不起，請問我是不是坐到觀眾席了？」

（自我解嘲＋鈍化攻擊）

59.

有個人路過麥田，發現一頭沒有犄角的牛。便問農民：「這頭牛為什麼沒有犄角？」

農民說：「牛沒有犄角的原因很多，有的因為遺傳沒有。有的是因為和別的牛頂角而失去了，有的是因病脫落了。」他說。

「而這頭沒有犄角，那是因為牠是一頭驢。」

（張冠李戴）

60.

迂公家裡有個小板凳，非常低矮。迂公每次坐板凳，都要在凳腳底下墊上幾塊瓦片。久而久之，迂公就不耐煩了。

有一天，他忽然心生一計，忙叫僕人把板凳挪到樓上去，以為在樓上坐，板凳就會高。等他上樓一坐，小板凳仍然是那麼低矮。

他氣憤的說：「人們都說樓高，我看不過是瞎說罷了！」於是命人把樓拆了。

（謬上加繆）

61.

有個人新栽了楊樹苗，怕夜裡被人偷走，就派家童去看守，過了很多天也沒有少一棵。

主人高興的對家童說：「你看守得很用心，你究竟是用什麼辦法看守的呢？」

家童回答說：「沒有其他的辦法，我只好每天夜裡拔來藏在家裡，第二天一早再插上。」

（極度荒謬）

62.

磚瓦廠廠長與食品廠廠長在企業家聯誼會上邂逅。

磚瓦廠廠長說：「聽說貴廠做餅乾比我們的磚頭還硬，能否介紹一點經驗？」

「不敢不敢！」食品廠廠長謙虛道，「我正想到貴廠取經去呢！早聽說貴廠出的紅磚比我們廠的桃酥還酥哩！」

（借力使力）

63.

一個賣菜的小販在為一個老先生稱菜時，用小指頭悄悄的在秤桿上壓了一下。

付款時，老先生問：「年輕人，你帶刀了嗎？」

小販說：「沒帶。您要刀做什麼？」

老先生說：「你的小指頭，不是賣給我了嗎？我得割下來。」

（不動聲色）

64.

編輯：先生，你這篇文章寫得太鬆散了。

作者：若按散文發，我同意。

編輯：但寫得太雜亂了。

作者：那就按雜文發吧。

編輯：作品顯得太幼稚。

作者：那就請按童話發吧，我不介意。

編輯：說實在的，沒有一點新意。

作者：是嗎？那就按古文發吧。

（位移真義）

65.

有位好事者，經常搜集他人隱私。當他得知鄰居小李的妻子比小李大7歲時，便來到小李家，想取樂一番。

他問小李：「你妻子多大了？」

小李沒好氣的答道:「性別女,芳齡多少看你的智力,她比我大七歲,我比她小七歲,她的年齡減七是我的年齡,我的年齡加七是她的年齡……」

好事者只好悻悻離開。

(絮絮叨叨)

66.

一段精彩的翻譯:

中文:婚前,她身材玲瓏有致。

英譯:婚前,她身材像個可口可樂瓶子。

中文:婚後,她變得像個水桶。

英譯:婚後,她身材變得像個可口可樂的罐子。

(外語求真)

67.

甲:「當我發薪水後,你猜我會怎麼做?」

乙:「交給老婆。」

甲:「不,存到銀行。」

乙:「這才是男子漢。」

甲:「然後把存摺交給老婆。」

(吊足胃口)

68.

甲:「我女友離開了我,我不想活了。」

乙安慰道:「女人如衣服,有什麼大不了的!」

正好乙的妻子聽到了,怒道:「什麼?你給我再說一次。」

乙趕忙賠笑道：「我的好太太，我是說女人是褲子，怎麼能隨便脫呢？」

（大事化小＋鈍化攻擊）

69.

老李：「我求你一件事，你能為我保密嗎？」

小張：「當然可以。」

老李：「近來我手頭有點緊，你能借我點錢嗎？」

小張：「不必擔心，我就當沒聽見。」

（裝瘋賣傻）

70.

有一位太太的脾氣壞得出了名，儘管這是人盡皆知，但由於她出的薪資高，仍然有人為她來做家政服務。

有一次這個太太懷了孕，快生產時又和保姆鬧翻，那保姆辭職不做了。

臨走時，保姆很有禮貌的祝福太太：「您一定會生一個又白又胖的男孩子。」

「妳怎麼知道一定是男孩？」太太反問。

「我有把握那一定是一個男孩子。」保姆回答，「因為沒有一個女孩子會和您在一起待上 9 個月的。」

（一語雙關）

71.

一個僕人不小心打碎了一個珍貴的琺瑯盤子，主人看見了碎片，就問是誰打碎的。

「我打碎的。」僕人回答。

「怎麼打碎的？」

僕人一時沒找到合適的詞語表達，便著急的把另一個盤子用手臂碰掉在地上，說：「就是這樣打碎的。」

（位移真義）

72.

女兒：「媽媽，我們為什麼不能住比較貴的房子？」

母親：「別著急，我們馬上就要住貴房子了，房東告訴我，他從明天起就給我們加房租。」

（故意歪解＋自我解嘲）

幽默七十二變：

顛覆經典、故意歪解、形褒實貶、曲解詞語，讀完這本書，你不笑算我輸！

編　　著：安旻廷，李玉峰

發 行 人：黃振庭

出 版 者：崧燁文化事業有限公司

發 行 者：崧燁文化事業有限公司

E - m a i l：sonbookservice@gmail.com

粉 絲 頁：https://www.facebook.com/
　　　　　sonbookss/

網　　址：https://sonbook.net/

地　　址：台北市中正區重慶南路一段六十一號八
　　　　　樓 815 室

Rm. 815, 8F., No.61, Sec. 1, Chongqing S. Rd.,
Zhongzheng Dist., Taipei City 100, Taiwan

電　　話：(02)2370-3310

傳　　真：(02)2388-1990

印　　刷：京峯彩色印刷有限公司（京峰數位）

律師顧問：廣華律師事務所 張珮琦律師

定　　價：370 元

發行日期：2022 年 10 月第一版

◎本書以 POD 印製

國家圖書館出版品預行編目資料

幽默七十二變：顛覆經典、故意歪
解、形褒實貶、曲解詞語，讀完這
本書，你不笑算我輸！ / 安旻廷，
李玉峰編著 . -- 第一版 . -- 臺北市：
崧燁文化事業有限公司 , 2022.10
　　面；　　公分
POD 版
ISBN 978-626-332-806-8(平裝)
1.CST: 幽默
185.8　　111015545

電子書購買

臉書